LTC 고급과정

LEADERSHIP TRAINING CLASS

JN423395

본서의 판권은 순출판사에 있습니다. 무단 전재 및 복제를 금합니다.
책 내용과 관련된 문의는 한국대학생선교회_MRD(02-397-6266)로 문의 바랍니다.

차 례

제자화 사역과 운동

강의 1

예수님의 목표와 제자화 사역원리

개관 목적

당신이 주님의 지상명령 성취를 돕기 위해 순모임을 통해
사람들을 제자화 시키는 일에 평생 헌신하도록 하려는 것이다.

학습 목표

1. 예수님의 삶의 목표와 이를 성취하기 위한 전략이 무엇인지 설명할 수 있다.
2. 평생 순장으로 살기 위해 우선순위를 점검하고 조정할 수 있다.
3. 예수님께서 사람들을 제자 삼는 데 사용하신 8가지 원리를 말할 수 있다.

개요

서론

- 예수님이 하신 일
- 예수님의 목표

1. 예수님의 목표
   (1) 세상의 구원
   (2) 복음 전수

2. 목표를 이루기 위한 삶
   (1) 제자화
   (2) 우선순위

3. 나의 우선순위
   (1) 나의 삶에서 중요하게 생각하는 것들
   (2) 우선순위 정하기

4. 예수님이 보이신 제자 사역의 원리
   (1) 제자들을 선택하셨다.
   (2) 제자들과 함께 시간을 보내셨다.
   (3) 제자들에게 헌신을 요구하셨다.
   (4) 제자들을 가르치셨다.
   (5) 제자들에게 모범을 보이셨다.
   (6) 제자들에게 구체적인 책임을 맡기셨다.
   (7) 제자들을 점검하셨다.
   (8) 제자들에게 재생산을 부탁하셨다.

서론 학생용 교재 7p

(그룹으로 나누어서 다음의 두 질문을 토의하게 한다. 토의할 수 있는 환경이 아니라면 학생들에게 묻고 답하도록 하면서 진행하라.)

토의 예수님은 이 세상에 오셔서 무슨 일을 하셨는가?

____

____

가능한 대답 : 천국 복음을 전하심, 기적을 베푸심(병을 고치심, 물 위를 걸으심, 죽은 사람을 살리심, 물로 포도주를 만드심), 제자들을 가르치심, 어린아이를 축복하심, 우리의 죄를 대속하려고 십자가를 지심, 부활하심, 등등.

(이 부분은 생각을 자극하기 위한 부분이므로 편안하게 토의하도록 이끌라.)

토의 예수님께서 그런 일들을 통해 이루고자 하신 목표는 무엇일까?

____

____

가능한 대답: 복음의 가르침과 기적 베푸심(능력)을 통해 예수님이 하나님이라는 사실을 믿게 하려 하심, 사람들을 치유하여 하나님과의 관계를 회복시키려고 하심, 영원한 생명을 주심, 용서와 평안을 주심, 사람들과 기쁨의 관계를 가지심, 등

1. 예수님의 목표 학생용 교재 7p

예수님께서 아무런 이유나 목적 없이 이 세상에 오신 것이 아니다. 예수님께서는 사람들을 구원하시기 위해 이 세상에 오셨다. 이 목표는 다음 두 가지로 나눌 수 있다.

1 세상을 구원 하심

예수님이 이 세상에 오신 이유는 인류를 죄와 죽음으로부터 구원하기 위함이다.

2 ＿복음＿ 의 전수

예수님은 인류를 구원하기 위해 사람들의 죄를 대신하여 십자가에서 죽으시고 부활하심으로 구원의 길을 완성하셨다. 나아가 십자가의 죽음과 부활로 완성된 구원을 세상의 모든 사람들에게 그리고 오고 오는 모든 세대의 사람들에게 전하는 방법을 마련하셔야 했다.

인류를 죄와 죽음에서 구원하시는 일은 예수님만 하실 수 있는 일이었다. 예수님은 십자가에서 우리를 대신하여 죽으시고 부활하심으로 그 일을 단번에 완수하셨다. 이 강의에서는 복음이 계속 전달되도록 하기 위해 예수님이 어떤 방법을 사용하셨는지, 그리고 이를 위해 어떻게 사셨는지를 살펴볼 것이다.

2. 목표를 이루기 위한 삶 학생용 교재 7p

예수님은 십자가에서 죽으시고 부활하시고 승천하신 후에도 주님이 이루신 구원을 계속해서 전하기 위해 어떻게 하셨는가? 그 당시엔 복음의 내용이 담긴 mp3 플레이어나 DVD플레이어와 같은 최신 도구도 없었는데 어떤 방법을 사용하셨는가? 예수님의 삶에서 목표를 이루기 위한 방법과 원리들을 살펴보자.

예수님께서는 한 번도 '세상의 구원'이라는 목표를 잊은 적이 없으시다. 예수님은 그 목표를 성취하기 위해 주어진 3년을 어떻게 활용할 것인가를 생각하시고 시간을 배분하셨다. 예수님께서 공생애 기간에 어떤 일을 우선적으로 하셨고 어떤 일에 집중하셨는지를 살펴보면 세상을 구원하려는 목표를 달성하기 위한 예수님의 방법을 발견할 수 있을 것이다.

(아래의 내용은 강의 시간과 학생들의 이해 정도에 따라 학생들과 함께 읽거나 강사가 요약해서 전달하도록 하라.)

이제 예수님께서 어떤 일에 우선순위를 두고 집중하셨는지 알아보도록 하자.

1 제자화

예수님은 많은 사람들에게 복음을 전하시는 한편 소수의 사람들을 제자로 선택하시고 그들에게 집중하여 늘 함께 하시면서 그들에게 자신의 삶을 주셨다. 예수님이 승천하신 후에도 자신을 대신할 수 있도록 제자들을 가르치시고 훈련시키셨다. 그리고 그들에게 주님의 지상명령을 부탁하셨다(마 28:18~20). 세상을 구원하기 위한 예수님의 전략은 제자화였다.

2 우선순위

예수님께서는 목표와 전략을 정하시고 그에 맞게 세우신 우선순위에 따라 사셨다.

(1) 예수님은 우선순위에 따라 사셨다.

예수님께서 천국 복음을 전하시자 많은 사람들이 예수님 주위에 모여 들었다. 예수님은 사람들에게 하나님 나라에 대해 가르치시고, 그들의 병을 고치시고, 기적을 베푸셔서 하나님 나라가 이미 임했음을 보여주셨다. 예수님은 사람들의 여러 문제들을 해결해주셨지만, 예수님이 가장 중요하게 여기셨던 것은 지상명령 성취를 위해 세우신 예수님의 제자들이었다. 예수님이 선택한 12명의 제자들을 육성하는 일이 예수님께는 다른 사람들을 만나는 일보다 항상 먼저였다. 하나님 나라의 비밀을 그들에게 먼저 가르치셨고, 예수님께서 이 땅에 오신 진정한 목적이 무엇인지도 그들에게 먼저 가르치셨다. 그리고 온 세상에 복음 전하기 위하여 자기를 부인하고 십자가를 지고 예수님을 따르는 제자로서의 헌신과 희생의 삶을 살라는 도전도 그들에게 먼저 하셨다.

(2) 제자들 에 우선순위를 두고 집중하셨다.

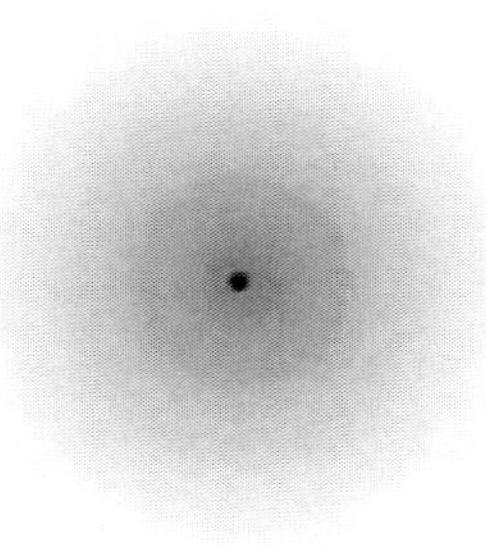

모든 사람들이 구원의 복음을 듣게 하기 위해 예수님은 자신을 따라다니던 수많은 군중들 가운데 12명의 제자들을 직접 선택하시고 그들을 훈련하는 것에 우선순위를 두셨다. 예수님은 제자들에게 집중하시고 그들을 육성하는 데에 자신의 삶을 전적으로 투자하셨다. 예수님은 늘 그들과 함께 동행하셨다. 그들과 함께 자고, 먹고, 대화하고, 여행을 다니셨다. 예수님은 삶과 사역의 모든 현장에 제자들과 동행하셨고 그 속에서 가르치셨다. 귀신을 쫓아내는 현장에서도, 폭풍우 속에 요동하는 침몰 직전의 배 안에서도, 물 위를 걸으실 때에도 그 일들을 통해 제자들을 가르치셨다. 백합화가 만발한 언덕에서, 까마귀가 날아가는 하늘을 보면서, 작은 겨자씨가 뿌려져 커다란 나무로 자라는 밭에서, 영원히 제자리에 있을 것 같은 산을 보면서 예수님은 제자들에게 하나님 나라를 가르치셨다. 이처럼 일상의 삶에서 제자들과 함께 하시면서 그들을 가르치셨다는 것은 예수님이 온전히 제자들에게 집중하셨다는 것을 말해준다.

(3) 제자들에게 우선순위를 두고 집중하신 이유

예수님께서 소수의 사람들에게 집중하신 이유는 높은 수준의 질적인 육성을 하기 위해서였다. 예수님께서 선택하셨던 12명의 제자들은 모두 한계와 부족함을 가지고 있었다. 그들은 지위나 신분이 높다거나 뛰어난 고등 교육을 받은 사람들이 아니었다. 성질이 아주 급한 사람이 있는가하면, 현실을 먼저 생각하느라 영원한 것이나 초자연적인 것은 늘 뒷전인 제자도 있었다. 그러나 예수님은 그들이 가지고 있는 약점이나 부족함이 아니라 가능성(potentiality)에 초점을 맞추어 그들을 선택하셨고 훈련시키셨다. 예수님이 이렇게 삶의 현장에서 친히 모범을 보이시며 소수 정예화를 목표로 제자들을 육성하는 일에 우선순위를 두고 집중해서 가르치셨기 때문에, 제자들은 예수님께서 승천하신 후에도 예수님이 하셨던 사역을 계속해서 수행해 나갈 수 있었고, 그 일을 위해 예수님처럼 기꺼이 목숨을 바칠 수 있었다.

(4) 제자들에게 우선순위에 두고 집중하신 결과

예수님이 세상을 떠나신 후에 제자들은 자신들이 보고 배운 것들을 세상에 전하기 시작했다. 길지 않은 3년의 시간을 예수님이 제자들에게 우선순위를 두고 집중하셨기 때문에 제자들은 예수님에 대해서 잘 알 수 있었고 복음에 대해서도 분명히 말할 수 있었다.

예수님이 12명의 제자들에게 집중하신 이유는 예수님의 복음이 정확하게 전달되도록 하기 위한 것이었다. 제자들이 예수님의 복음을 정확히 전수받고 그것을 전달하기 위해 예수님이 하셨던 대로 사람들을 선택하여 제자로 삼는 것을 우리는 영적 승법번식이라고 부른다. 예수님은 영적 승법번식이 일어나도록 제자들과 집중적으로 시간을 보내시고 가르치시고 삶의 모든 면에서 모범을 보이셨다.

3. 나의 우선 순위

(그룹을 나눈 후 말하라.)

1 당신의 삶에서 중요하게 생각하는 것들을 나누어 보라.

(그룹 안에서 우선순위 3가지 정도를 나누게 하라. 시간이 넉넉하지 않다면 짝을 지어 나누게 하라.)

2 우선순위 정하기

(1) 우선순위의 정의

우선순위는 내가 해야 할 모든 일들 중 먼저 해야 할 가장 중요한 일을 가리킨다. 즉, 무엇을 먼저 해야 하는가, 내 시간과 자원을 어디에 먼저 사용할 것인가를 정하는 것이다. 이를 바꾸어 생각하면, 무엇을 다음에 할 것인가 그리고 무엇을 하지 않을 것인가의 문제이기도 하다.

제자화 사역을 하면서 늘 기억해야 할 한 가지 중요한 사실이 있다.

(2) 사역보다 __사람__ 이 먼저!

우선순위를 정하는 것도 쉬운 일이 아니지만 우선순위를 따라 사는 것은 더 어려운 일이다. 급하고도 중요한 우선순위(ⓑ)를 먼저 해야 하지만, 이때 급하고 중요해 보이는 것들에 너무 집중하므로 급하지는 않지만 중요한 것들(ⓐ)을 못하게 되는 일이 없도록 주의해야 한다.

중요함	ⓐ	ⓑ
중요하지 않음	ⓓ	ⓒ
	급하지 않음	급함

현대인들은 대부분 매우 바쁘게 살아가고 있다. 사람들은 급히 처리해야 할 메일, 전화하기, SMS 보내기 등등의 중요하고 급한 일에 우선순위를 두고 살아가는 경향이 있다. 영적인 사역자들도 크게 다르지 않을 것이다. 매일 처리해야 할 급하고 중요한 일들과 사역이 늘어남에 따라 해야 할 부수적인 일들로 인해 정말 중요한 우선순위의 일들을 못하게 되는 경우가 많을 것이다. 우리의 우선순위인 '사람들(ⓐ)'

보다 각종 참석해야 할 모임들, 행정적이고 사무적인 일들(ⓑ)을 먼저 생각하게 되면 우리는 사람을 키워내는 순장의 삶이 아니라 사역을 위한 사역을 하게 될 것이다.

(3) 우선순위를 실행할 때의 핵심 – 집중

우선순위에 해당하는 일을 실행할 때에 반드시 필요한 것은 집중이다. 일반적으로 사람은 한 가지 일에만 집중할 수 있다.

※ 멀티태스킹(Multitasking)?

어떤 사람이 운전을 하는데, 잠깐잠깐 조간신문을 읽고, 커피를 마시며, 동시에 휴대 전화로 다른 사람과 통화를 하면서 운전을 한다면 그 사람이 안전하게 운전할 수 있을까?

한 학생이 노트북을 사용하여 숙제를 하는데, 귀에 꽂은 이어폰으로는 음악을 듣고, 한 손으로 그 음악에 박자를 맞추고, 다른 한 손으로는 컴퓨터의 Windows 창을 10개나 열고 작업을 한다. 그 중 2개는 메신저 프로그램 창으로 그 창을 통해 친구들과 메신저를 하면서 다른 창으로는 사진을 내려 받고 있었고, 그 뒤의 창으로는 게임을 하면서 한글 워드가 실행된 창으로 숙제를 하고 있다고 생각해 보라. 그가 숙제를 제대로 하고 있을까?

'현대 경영학의 아버지'로 불리는 고 피터 드러커(Peter Ferdinand Drucker, 1909년~2005년)는 "일반적으로 사람은 한 번에 한 가지 일을 할 수 있다. 그 한 가지 일도 잘하기 위해서는 그 일에 집중해야 하며, 중요하게 보이는 그 밖의 일들은 뒤로 미루어야 한다. 그러나 그렇게 하려면 커다란 용기가 필요하다" 고 말했다.

(4) 우선순위 조정하기

순장으로 부르심을 받은 당신이 평생 "다른 사람들을 제자화 하는 순장의 삶"을 살려면 우선순위를 어떻게 조정해야 할 것인지 아래 그림에 순서대로 적어 보라.

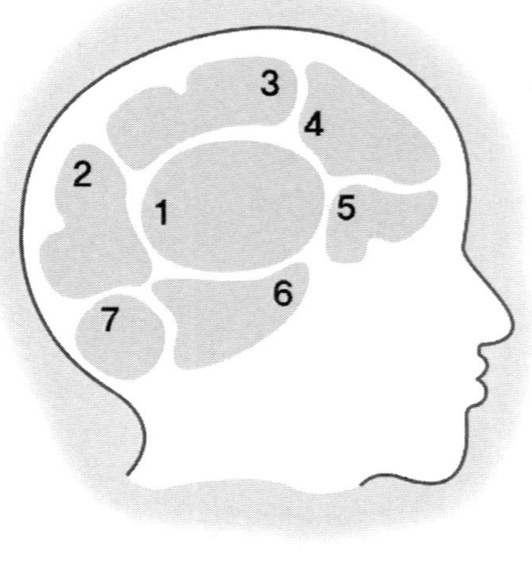

(그룹 안에서 나누게 한다. 시간이 넉넉하지 않다면 짝을 지어 나누게 하라.)
이제 예수님께서 어떻게 사람들을 제자화하셨는지 그 원리들을 자세히 알아보도록 하자.

제자화 사역에서 우선순위를 정하고 이에 따라 살아가는 것이 매우 중요하다. 그러나 제자화 사역에서 가장 중요한 것은 성령을 따라 사는 것이다. 예수님도 전적으로 하나님을 의지하며 성령 안에서 사셨다. 성령께서 영적 승법번식가로 제자 낳는 제자로 살기 원하는 모든 사람들에게 능력을 주시는 분이심을 명심해야한다.

"기도보다 성령보다 앞서지 말라!"

4. 예수님이 보이신 제자화 사역의 원리 학생용 교재 12p

토의 예수님이 제자화 사역을 하실 때 어떤 원리들을 사용하셨을까?
함께 토의한 후 아래에 적어 보라.

(그룹별로 토의하여 발표하게 하라. 전지를 준비할 수 있다면 각 그룹에 전지를 한 장씩 주어 그룹의 토의 내용을 적게 하라. 발표할 때 그 전지를 앞에 붙여서 모든 학생들이 보게 하라. 모든 그룹의 발표가 끝나면 답을 말하지 말고 그냥 진행해 가라.)

(아래의 원리들은 로버트 콜만의 책 "주님의 전도 계획"을 요약한 것이다. 더 자세히 공부하고 싶으면 이 책을 읽어보고 고급반을 들은 순장들끼리 시간을 내서 서로 나눌 수 있도록 도전하라.)

1 제자들을 **선택하셨다.**

"또 산에 오르사 자기가 원하는 자들을 부르시니 나아온지라. 이에 열둘을 세우셨으니 이는 자기와 함께 있게 하시고 또 보내사 전도도 하며" (막 3:13, 14)

승법번식을 통하여 사람들을 구원하기 위하여 예수님은 많은 사람들보다는 소수의 사람들에게 전념하셨다.

질문 당신은 어떤 성품이나 능력을 가진 사람을 제자로 선택하기 원하는가?

____

____

(다음 강의에서 다룰 것이기 때문에 둘씩 짝 지어 나누게 하라.)

몇 명의 특정한 사람들을 선택한다는 것이 선택하지 않은 다른 사람들과의 관계를 끊어 버린다는 것을 의미하지 않는다. 예수님께서는 소수의 사람들을 제자로 선택하셨어도 여전히 다른 사람들을 찾아가 만나셨다. 주님은 그들을 가르치셨고, 배고플 때 먹이셨고, 그들의 병을 고치셨고, 그들 안에 있는 귀신들을 내쫓으셨다. 어떤 때는 온종일 그들의 필요를 보살펴 주느라 "음식 먹을 겨를도 없으셨다"(막 6:31). 이러한 예수님의 삶은 예수님께서 사람들에게 진정한 관심을 가지셨다는 것을 보여준다. 예수님이 이 세상에 오신 이유는 바로 이러한 사람들을 구원하시기 위함이다. 주님은 그들을 사랑했고, 그들을 위해 우셨으며, 그들을 죄에서 구원하기 위하여 죽으셨다. 어느 누구도 예수님이 대중 전도를 게을리 하셨다고 생각할 수 없을 것이다.

예수님이 제자를 선택하신 것은 이런 사역을 계속할 사람을 세우기 위함이다.

2 제자들과 함께 시간을 보내셨다.

'너희도 처음부터 나와 함께 있었으므로 증언하느니라' (요 15:27)

(앞에서 우선순위를 다루었기 때문에 너무 깊이 다룰 필요는 없다. 시간을 함께 보내는 것이 중요한 이유를 강조하되 토의하지 말고 설명만 하고 넘어가라.)

주님은 제자들과 함께 지내셨고 그것이 바로 훈련 프로그램의 핵심이었다. 함께 지낼 때에 깊이 알 수 있다. 그래서 요한과 안드레에게 '와 보라' 고 하셨고, 빌립과 마태에게 나를 좇으라고 하셨다. 예수님은 열 두 제자를 선택할 때도 자신과 함께 있게 하시려는 것이 전도를 하거나 귀신을 내쫓는 권세를 갖게 하는 것보다 우선하는 목적이었다. 예수님은 시간이 지날수록 더 제자들에게 집중하셨고, 부활 후에는 제자들에게만 나타나셨다.

질문 당신은 순원들과 1주일에 어느 정도의 시간을 보내고 있는가?

____

____

질문 그 정도의 시간을 함께 하는 것이 제자화에 충분하다고 생각하는가?

____

____

질문 만일 순원들과 보내는 시간이 충분하지 않다면 어떻게 조정할 수 있을까?

____

____

(각자 위 질문들에 답하게 하라. 시간의 여유가 있다면 짝과 잠시 나누도록 하라.)

3 제자들에게 __헌신__ 을 요구하셨다.

"이에 예수께서 제자들에게 이르시되 누구든지 나를 따라오려거든 자기를 부인하고 자기 십자가를 지고 나를 따를 것이니라" (마 16:24).

예수님은 능력있고 뛰어난 사람들이 아니라 가능성이 있는 충성된 사람들을 제자로 선택하셨다. 예수님은 그들에게 특별한 프로젝트를 수행하거나 뛰어난 능력을 나타내 보일 것을 요구하시지 않고, 먼저 예수님과 함께 시간을 보내면서 예수님을 알아가고 예수님의 말씀에 순종하는 것을 배우기 원하셨다. 실제로 제자들은 예수님을 잘 몰랐지만 그분을 따라 다니면서 예수님에 대해서 점점 더 깊이 알고 배워갔다.

많은 사람들을 가르치고 능력과 이적을 보이는 예수님을 따라가는 것이 처음에는 쉬워 보였지만, 시간이 흐를수록 제자들은 삶의 일부를 바꾸거나 삶의 한 부분을 헌신하는 정도가 아니라 전 생애를 드리라는 도전을 받았고 모든 것을 다 버리고 예수님을 따르는 삶을 살기로 결단해야 했다. 예수님은 심각하게 인생을 계산하라고 하셨고 제자들은 모든 것을 버리고 주님을 따랐다. 제자들은 예수님의 말씀과 권위에 순종하는 헌신을 통해 성장해갔다. 십자가의 의미를 잘 몰랐기 때문에 높은 지위를 달라고 하기도 했지만 예수님께서는 하나님 나라의 역설을 설명하시며 낮은 자리에서 섬기는 삶을 가르치셨다. 예수님께서도 십자가를 앞에 두고 깊은 고민과 기도 가운데 하나님께 순종하는 길을 선택하심으로 그 본을 보여 주셨다.

질문 제자화를 위해 당신은 어떻게 헌신하고 있는가?

____

____

질문 당신은 순원들에게 어떤 헌신을 요구하고 있는가?

____

____

질문 당신의 순원들에게 어떤 것을 더 도전할 수 있을까?

____

____

(두 개의 질문은 개인적으로 답을 적도록 하고 마지막 질문은 그룹 안에서 서로 나누어도 좋다.)

예수님을 향한 최고의 사랑은 순종이다. 2천년이 넘게 세월이 흘렀지만 우리의 삶도 마찬가지이다. 헌신이란 전임 사역자가 되는 것이 아니라 부르심과 인도하심에 순종하는 것이며, 어디에서 어떤 삶을 살아가든지 예수님의 사랑이 가득한 복음 가운데 자유와 기쁨을 누리며 살면서 그 복음을 전하고 제자를 육성하는 일을 중요하게 여기고 실천하는 것이다.

4 제자들을 가르치셨다.

(1) 그는 진리에 대해 강의하셨다.
(마 5~7장, 산상보훈)

예수님께서는 하나님 나라와 그 나라 백성의 삶에 대해 가르치셨다. 당시 유대 지도자들의 가르침은 율법의 근본 정신인 사랑과 공의와 믿음은 저버리고 율법의 행위만을 강조함으로 백성들을 율법에 얽매이게 하고 외식하게 만들었다(마 23:23). 그러나 예수님께서는 기도와 구제, 용서, 금식, 헌금 등에 대해 어떻게 해야 하는지, 왜 그렇게 해야 하는지에 대해 명쾌하게 설명하셨다. 예수님은 세세한 부분을 다루기보다는 율법을 주신 하나님의 마음과 근본 뜻과 원리를 가르치셨기 때문에 실제 행동들에 대한 명확한 지침이 되었다. 따라서 예수님의 가르침은 율법을 주신 하나님의 마음을 알게 함으로 사람들을 감동시켰고 자유하게 했으며 스스로 순종하도록 동기부여를 하는 것이었다(마 7:28~29; 13:54).

(2) 그는 원리들을 설명하기 위해 실제 환경을 사용하셨다.
(막 4:36~41, 갈릴리 바다의 광풍)

예수님은 주로 강의실이 아니라 실제 환경 속에서 가르치셨다. 모든 것을 하나님의 관점으로 보시고 계셨기 때문에 모든 환경과 모든 상황을 통해서 자연스럽게 하나님과 하나님이 기뻐하시는 삶을 가르치실 수 있었다. 풀과 새를 보면서 하나님의 공급하심을 가르치셨고 갈릴리 바다에서는 폭풍 가운데 하나님을 의지하고 평안을 누리는 믿음에 대해 가르치셨던 것이다.

당신은 순원들에게 진리를 가르치는데 어떤 어려움이 있는가?

____

____

순원들을 더 잘 가르치기 위해 당신이 갖추어야 할 자질이나 기술들은 어떤 것들이 있는가?

____

____

5 제자들에게 모범 을 보이셨다.

"내가 너희에게 행한 것 같이 너희도 행하게 하려 하여 본을 보였노라" (요 13:15)

예수님은 제자들과 함께 살면서 하나님과 어떻게 살아야 하는지, 사람들과 어떻게 살아야 하는지를 예수님의 실제 생활을 통해서 제자들에게 가르치셨다. 예를 들면, 예수님은 기도를 중요하게 생각하셨고 늘 기도하며 사셨다. 기도에 대해 많은 말을 하지 않으셨지만 예수님의 기도 생활을 본 제자들은 궁금해서 어떤 기도를 하시는지, 어떻게, 어떤 기도를 드려야 하는지 묻게 되었다(눅 11:1~13).

또한, 예수님은 성경을 중요하게 생각하셨고 삶의 모든 부분에서 성경을 사용하셨다. 그리고 많은 사람들이 따를 때 그곳에 머물며 인기를 누리지 않으시고 하나님 나라를 더 많은 사람들에게 가르치시기 위해 또 다른 마을로 가셨다. 자신이 메시야임을 말씀하시고 하나님 나라를 선포하시며 영광이 아니라 십자가의 길을 가르치셨고 그 길을 가셨다. 높아지기 원하는 제자들에게 물을 떠서 발을 씻어주시며 섬기는 자가 더 큰 자라는 역설을 가르치셨다. 예수님은 말로 가르치신 것에 그치지 않고, 가르치신 모든 것을 실제로 행하시며 본을 보이셨다.

당신은 당신의 순장으로부터 어떤 모범을 배웠는가?

____

____

(선배나 간사들을 통해 배운 것을 포함시킬 수도 있다.)

질문 당신은 순원들에게 어떤 모범을 보이고 있는가? 또 어떤 영역에서 모범을 보이기 원하는가? 이를 위한 구체적인 방법을 적어보자.

____

____

예수님의 가르침은 지식을 말로 가르치는 것이 아니라 자신을 주시는 것이었다. 이것이 가르치는 근본적인 방법이다. 하나님 나라에 대한 지식을 말로 가르치셨지만, 그에 대한 실제들은 주님과 함께 삶으로 배울 수 있었다. 죄와 불안을 이겨낼 수 있는 평안을 주시고, 사랑의 표시로 자신의 생명을 주시고, 슬픔을 이겨낼 수 있는 기쁨을 주시고, 죽음을 이겨낼 수 있는 영원한 생명을 주시고, 승리의 삶을 살 수 있도록 성령님을 보내주셨다. 순장으로써 우리는 이 모든 것을 줄 수는 없지만 우리가 누리는 성령 충만한 삶을 통해 평안과 생명과 능력과 소망과 열매들을 보이고 가르쳐줄 수 있다. 순장으로 산다는 것은 성령 충만한 삶을 사는 것을 말한다. 성령 충만할 때 우리는 육체의 한계가 있지만 이 땅에서 예수님처럼 본을 보이면서 예수님이 부탁하신 삶을 살 수 있고, 그 모든 것이 담겨 있는 복음을 사람들에게 전하고 가르칠 수 있다.
(이 설명 내용은 로버트 콜만의 책 4장의 내용들을 정리한 것이다. 로버트 콜만의 책의 4장은 "자신을 주셨다"는 제목으로 성령 충만의 중요성을 다루는데 우리 교재는 이 부분을 거의 다루지 않고 있다. 4번째와 5번째 원리는 거의 5장에서 나온 것이다. 미리 로버트 콜만의 책 4장을 읽고 정리해 두라.)

6 제자들에게 구체적인 책임 을 맡기셨다.

"열두 제자를 부르사 둘씩 둘씩 보내시며 더러운 귀신을 제어하는 권능을 주시고" (막 6:7)

질문 주님께서 제자들에게 책임을 맡긴 중요한 이유는 무엇인가?

____

____

질문 당신의 순원들에게 맡길 수 있는 책임은 무엇이 있을까?

예수님께서는 제자들에게 처음부터 복음을 전하고 제자를 키우는 삶을 살라고 하지 않으시고 기다리셨다. 처음에 제자들에게 맡기신 일은 숙소를 준비하거나, 음식을 마련하거나 분배하는 일 정도였다. 그 후에는 세례를 주는 일을 맡기기도 하셨다. 그러나 시간이 흐르고 예수님이 하시는 일을 제자들이 충분히 관찰을 했다고 판단을 하신 후에는 제자들을 짝 지어 전도하러 내보내셨다. 물론 내보내시기 전에 충분히 예비교육을 하셨다. 무엇을 어떻게 해야 하는지, 어디로 가야 하는지, 어떤 사람들을 만나며, 어디에서 묵어야 하는지, 어떤 어려움이 예상되는지 자세히 일러주셨다(눅 10:1~16).
제자들은 준비 되지 않은 상태로 두려움 속에서 일하는 것이 아니라 이와 같은 과정을 통해 조금씩 실제 사역을 준비할 수 있었다. 어떤 사람들은 일을 시작하기 전에 왜 그 일을 해야 하는지 알기도 하지만, 많은 경우 사람들은 어떤 일을 준비하거나 실행하면서 그 일의 필요성을 알게 된다. 제자들은 모든 것을 다 할 수 있을 정도로 준비 되지는 않았지만 그 일들을 실행하면서 전도의 필요를 더욱 깨닫게 되었다.

7 제자들을 점검하셨다.

"사도들이 예수께 모여 자기들이 행한 것과 가르친 것을 낱낱이 고하니" (막 6:30)

질문 당신은 정기적으로 순원들의 삶에서 중요한 부분들을 점검하고 있는가?

질문 어떤 부분들을 어느 정도 기간을 두고 점검하는 것이 효과적이라고 생각하는가?

예수님은 제자들이 전도하러 나갔다가 돌아오면 보고회를 가지졌다. 과제를 수행하면서 제자들은 중요한 원리들을 배웠고 돌아와서 이를 나누면 예수님께서는 기뻐하시면서 다음 원리들에 대해 말씀하는 식으로 이 제자화 순모임은 진행되었다. 제자들은 어떤 경우에는 자신들이 이룬 일에 대해 깜짝 놀랄 정도로 기뻐했고(눅 10:17), 어떤 경우에는 생각대로 잘 되지 않아서 힘들어 하기도 했다(막 9:14~29). 또 다른 경우에는 제자들이 예수님의 말씀을 잘 이해하지 못해서 엉뚱한 말을 하기도 했고(막 8:14~19) 예수님의 요청을 거부한 사람들에 대한 분노로 과격한 반응을 하기도 했다(눅 9:51~54). 예수님께서는 어떤 경우든 이들이 경험하고 성취하고 배운 것을 정리하고 다음 단계로 나아가셨다.

8 제자들에게 영적 재생산 을 부탁하셨다.
(마 28:18~20)

질문 당신의 순원들은 순장의 삶을 살고 있는가? 살기를 원하는가?

질문 순원들이 순장이 되도록 도전하려면 어떻게 해야 할까?

예수님은 제자들이 열매 맺기를 기대하시고 이 일을 부탁하셨는데 그 결과가 사도행전에 나와 있다. 사도행전은 제자들이 성령의 능력을 힘입어 영적 재생산을 한 것에 대한 이야기이다. 그들의 영향력은 대단했으며 행 17:6을 보면 데살로니가의 안 믿는 사람들이 '천하를 어지럽게 하던 이 사람들이 여기도 이르렀다' 고 소리칠 정도였다.
우리는 제자들을 훈련하는데 사용한 예수님의 계획과 원리들에 대해 토의했다. 예수님께서는 목표를 정하고 그에 맞게 우선순위를 정해 사셨다.
우리도 예수님과 같은 목적과 계획으로 하나님께 순종할 것인지를 결정해야 한다. 우리가 살아가는 모습은 각자 다르겠지만 예수님이 맡겨주신 제자를 훈련하는 것을 중요한 우선순위로 삼는 것은 동일해야 한다. 전임사역자가 되든 되지 않든 제자를 낳는 제자로, 평생순장으로 살아

갈 결심을 하고 그 목표를 이루기 위해 삶의 우선순위를 정하고 실행해야 한다.
예수님께서는 이 땅에서의 마지막 시간에 '아버지께서 내게 하라고 주신 일을 내가 이루어 아버지를 이 세상에서 영화롭게 하였사오니' 라고 말씀하셨다(요 17:4). 이것은 결과적으로 세상에 복음을 전하고 제자들을 키울 소수의 사람들을 훈련하셨음을 심중에 두고 하신 말씀이다.

(위의 예수님의 제자 사역의 8가지 원리 중에 자신에게 가장 중요하다고 생각하는 요소를 짝에게 또는 그룹으로 한 가지씩 나누게 하라. 기도하고 강의를 마치라.)

강의 2

제자화 사역의 시작과 함정

개관 목적

제자화 사역을 시작할 때의 핵심 요소와 피해야 할 함정들을 이해함으로 당신이 실제적인 제자화 사역의 전략을 수립하고 실행하도록 돕는 것이다.

학습 목표

1. 제자화 사역을 시작할 때 알아야 할 핵심 요소를 말할 수 있다.
2. 제자화 사역에서 피해야 할 함정들은 어떤 것이 있는지를 알 수 있다.
3. 자신의 제자화 사역을 점검해 볼 수 있다.

개요

서론

1. 제자화 사역의 시작
   (1) 제자화 사역은 선택에서부터 시작된다.
   (2) 제자 선택의 핵심적 요소
      1) 제자 선택의 첫 번째 요소는 하나님을 신뢰하고 의존하는 것이다.
      2) 제자 선택의 두 번째 요소는 제자 선택을 위해 기도하는 것이다.
      3) 제자 선택의 세 번째 요소는 주도권을 갖는 것이다.
      4) 제자 선택의 네 번째 요소는 특정한 자질들을 갖춘 제자들을 선택하는 것이다.
         제자가 갖추어야 할 자질들:
            ① 하나님을 알고자 하는 열망(Passion for God)
            ② 유용성(Availability)
            ③ 배우려는 자세(Teachability)
            ④ 충성스런 태도(Faithfulness)
            ⑤ 다른 사람을 지도할 수 있는 능력(Ability to Lead Others)

2. 제자화 사역에서 피해야 할 함정들
   (1) 제자 선택 과정에서 피해야 할 함정들
      1) 제자 선택의 첫 번째 함정은 믿음과 성령이 충만하지 않은 사람을 선택하는 것이다.
      2) 제자 선택의 두 번째 함정은 성숙의 요소를 무시하는 것이다.
      3) 제자 선택의 세 번째 함정은 사회 지도층을 제자화 대상으로 생각하지 않는 것이다.
   (2) 제자화 사역에서 피해야 할 함정들
      1) 제자화 사역의 첫 번째 함정은 제자화의 목표를 상실하는 것이다.
      2) 제자화 사역의 두 번째 함정은 순원들 사이의 친밀도에 불균형이 생기는 것이다.

3. 제자화 사역을 위한 개인 전략
   (1) 현재 당신은 순원을 육성하고 있는가? 있다면 당신의 순원(들)을 제자화 사역으로 전환하기 위해서 우선적으로 해야 할 일들은 어떤 것들이라 생각하는가? 아래 표를 이용해 무엇을 어떻게 언제부터 할 것인지 적으라.

   (2) 만약 순원이 없다면 제자화 사역을 위해 당신이 지금 가장 시급하게 해야 할 일은 무엇이라 생각하는가? 언제부터 어떻게 어디서 누구를 대상으로 그 일을 할 것인지 계획을 세우고 실천 하기 시작하라.

   (3) 현재 당신의 순모임을 평가해 볼 때 앞에서 언급한 함정들에 해당하는 항목들이 있는가? 있다면 어떻게 그런 함정들에서 벗어날 수 있는지 방법들을 말해보고 앞으로 그런 함정들을 피하기 위해서는 어떻게 해야 할지를 적어보라.

먼저 강의1의 개요를 참조하여 강의1의 핵심을 말해주라.
그리고 강의2의 서론 내용을 말한 후에 개관 목적과 학습 목표를 나누라.

서론 학생용 교재 17p

1. 제자를 육성하기 위해서 가장 먼저 해야 할 일은 복음을 많은 사람들에게 전하는 것이다. (많이 뿌려야 할 필요성: 많은 제자를 육성하려면 훨씬 많은 사람에게 전도해야 한다)
2. 전도를 계속해 나가되, 영접한 사람들을 기초 육성에 초청하여 순모임을 시작한다. 그러나 순모임을 하고 있다는 것으로 만족하고 거기에 머물러서는 안 된다.
3. 주님의 지상명령 성취를 돕기 위해 순원들 가운데 전략적으로 소수의 사람들을 선택하여 제자로 육성하여 파송해야 하는데 이것이 제자화 사역이다.

1. 제자화 사역의 시작 학생용 교재 17p

(각자 아래 예화를 읽게 하라. 그런 후에 아래의 질문을 하고 그들의 대답을 말하게 하라.)

희수는 소고기 스테이크를 정말 좋아한다. 처음에는 주로 스테이크를 맛있게 요리하는 유명한 음식점을 찾아다니면서 스테이크를 어떻게 해야 맛있게 먹을 수 있는지를 아는데 집중했다. 그러다가 나중에는 자신이 직접 스테이크를 만들어 먹기로 했다. 유명한 스테이크 전문 요리사들을 찾아다니며 스테이크 만드는 비법을 여러 가지로 전수 받았다. 특히 자신이 가장 맛있게 먹었던 스테이크 음식점의 수석 주방장에게 특별 사사까지 받았다. 그러나 아무리 정확하게 그 주방장이 가르쳐 준 비법대로 온도를 맞추고 시간을 재고 소스들을 가미해도 자신이 맛보았던 바로 그 최고의 맛은 낼 수 없었다.

질문 희수가 최고의 맛을 낼 수 없었던 이유는 무엇일까?

____

____

(이 질문의 의도는 희수가 최고의 스테이크 맛을 낼 수 없었던 가장 기본적이고 근본적인 이유는 스테이크 제조 비법이나 소스의 다양성과 질보다는 "좋은 재료(좋은 소고기)를 선택하는 것" 이 훨씬 더 중요하다는 사실을 간과했다는 점을 알게 하는 데 있다.)

1 제자화 사역은 <u>제자의 선택</u> 에서부터 시작된다.

제자화 사역의 승패는 우리가 어떤 제자들을 선택하느냐에 달려있다. 아무리 탁월한 제자화 사역 프로그램과 시스템을 갖추더라도 제자로 선택한 사람들이 준비되어 있지 않다면 제자화 사역은 성공적으로 이루어지지 않는다.

그렇다면 우리는 어떻게 제자를 선택해야 하는가?
성경의 예들을 통해, 제자를 선택할 때 어떤 기준과 방법으로 해야 하는지를 살펴보자.

2 제자 선택의 핵심적인 요소

(1) 제자 선택의 첫 번째 요소

다음 성경 구절들을 읽고 아래의 물음에 답해보라.

"내가 아무 것도 스스로 할 수 없노라 듣는 대로 심판하노니 나는 나의 뜻대로 하려 하지 않고 나를 보내신 이의 뜻대로 하려 하므로 내 심판은 의로우니라" (요 5:30)

"나는 포도나무요 너희는 가지라 그가 내 안에, 내가 그 안에 거하면 사람이 열매를 많이 맺나니 나를 떠나서는 너희가 아무 것도 할 수 없음이라" (요 15:5)

토의 이 구절들에서 예수님이 말씀하시고자 하는 핵심은 무엇이라고 생각하는가?
또 우리가 제자 선택 과정에서 적용해야 할 진리는 무엇인가?

____

____

이 두 구절은 하나님께 대한 철저한 의존과 신뢰를 말한다. 예수님이 성육신하시고 이 땅에 오신 것은 성부 하나님의 뜻을 수행하기 위해서이다. 따라서 이 땅에서 행하신 모든 일은 자신의 뜻이 아니라 철저하게 하나님의 뜻에 순종하여 그 뜻을 이루셨다.
예수님께서 전 생애와 사역에서 아버지 하나님을 신뢰하고 의존하셨다면 그분의 제자들인 우리들은 더욱 더 삶과 사역에서 하나님을 신뢰하고 의존해야 하지 않겠는가!

키포인트: 제자 선택의 첫 번째 요소는 하나님을 <u>신뢰하고 의존하는 것</u> 이다.

(2) **제자 선택의 두 번째 요소**

3그룹으로 나누어 아래의 성경 구절들을 읽고 질문에 답한 후 그룹별로 발표해 보라.

"이 때에 예수께서 기도하시러 산으로 가사 밤이 새도록 하나님께 기도하시고 밝으매 그 제자들을 부르사 그 중에서 열둘을 택하여 사도라 칭하셨으니" (눅 6:12~13)

"이에 제자들에게 이르시되 추수할 것은 많되 일꾼이 적으니 그러므로 추수하는 주인에게 청하여 추수할 일꾼들을 보내 주소서 하라 하시니라" (마 9:37~38)

"너희가 기도할 때에 무엇이든지 믿고 구하는 것은 다 받으리라 하시니라" (마 21:22)

토의 이 구절들에서 공통적으로 강조되고 있는 요소는 무엇인가? 하나님에 대한 우리의 신뢰와 이 요소는 어떤 관계가 있는가? 또 우리의 제자 선택과정에 대해 이것은 무엇을 시사해주고 있는가?

____

____

이 구절들에서 공통적으로 강조되고 있는 요소는 기도이다.
예수님을 따르는 사람들은 많이 있었지만 예수님은 12명만을 선택해 그들을 사도라 부르시고 그들에게 집중해서 훈련을 시키셨다. 누가복음 6장은 예수님이 많은 사람들 가운데 어떤 사람을 사도로 선택할 것인지에 대해 하나님의 뜻을 먼저 묻고 그 뜻에 순종하시고자 밤이 새도록 기도하셨다는 것을 보여준다.
마태복음 9:37~38은 영적 추수기에 곡식은 많으나 일군이 적을 때 가장 먼저 해야 할 것은 그 추수의 주인이신 하나님께 기도하는 것이라는 점을 강조하고 있다. 영적 추수는 사람의 능력이나 방법이 아니라 하나님의 뜻과 방법과 시기와 능력을 의지해야 한다.
마태복음 21:22은 기도하는 사람들의 자세에 대한 것으로 믿음으로 기도하는 것은 하나님께서 확실하게 응답해 주신다는 약속을 강조한다.
기도는 우리가 하나님을 신뢰한다는 표현인 동시에, 하나님의 일은 우리의 힘이나 방법이나 지혜가 아니라 하나님의 능력과 뜻과 방법으로 이루어진다는 것을 인정하는 행동이다. 이것은 내가 먼저 하나님의 마음에 합한 사람이 되어야 한다는 것과 우리의 제자들도 우리의 기준에 따라 우리 마음에 드는 사람을 선택하는 것이 아니라 하나님의 기준으로 하나님의 마음에 합한 사람들을 선택해야 한다는 것을 가르쳐 준다. 한 마디로 우리도 선택할 제자들을 위해 기도하고 하나님이 주실 결과를 기대해야 한다는 것을 이 구절들은 가르쳐준다.

키포인트: 제자 선택의 두 번째 요소는 제자 선택을 위해 <u>기도하는 것</u> 이다.

(3) 제자 선택의 세 번째 요소

다음 성경 구절들을 읽고 아래의 물음에 답해보라.

"이 때부터 예수께서 비로소 전파하여 이르시되 회개하라 천국이 가까이 왔느니라 하시더라 갈릴리 해변에 다니시다가 두 형제 곧 베드로라 하는 시몬과 그의 형제 안드레가 바다에 그물 던지는 것을 보시니 그들은 어부라 말씀하시되 나를 따라오라 내가 너희를 사람을 낚는 어부가 되게 하리라 하시니" (마 4:17~19)

"그러므로 너희는 가서 모든 민족을 제자로 삼아 아버지와 아들과 성령의 이름으로 세례를 베풀고" (마 28:19)

토의 이 구절들은 서로 어떤 연관이 있는지 생각해 보고, 우리의 제자 선택 원리에 대해 적용할 점은 무엇인지 말해보라.

____

____

예수님 당시 랍비(스승)들은 학생들이 찾아와 자신들의 스승이 되어 달라고 부탁할 때까지 앉아서 기다리는 것이 전형적인 사제 관계의 관례였다. 그러나 예수님은 회당이나 강의실에 앉아서 제자들이 찾아와 주길 기다린 것이 아니라, 삶의 현장 속으로 들어가 생업에 최선을 다하고 있던 사람들에게 먼저 다가가 자신을 따라 오라고 도전하셨다. 예수님은 제자를 선택하는데 있어서 앉아 기다리는 수동적인 태도를 벗어나 주도적으로 자신이 직접 제자들을 선택하셨다.

마태복음 4:17~19은 제자 선택에 있어서의 주도권을 가질 것에 대한 도전이라면 마태복음 28:19은 제자 선택의 궁극적 목적은 그들이 또 다른 제자들을 낳게 하는 영적 재생산이라는 것을 보여준다. 즉, 기도만 하고 아무것도 하지 않고 기다리는 것이 아니라 그 기도의 응답을 믿고 행동하여 온 세상을 복음화하라는 주님의 명령에 우리가 적극적으로 반응해야 한다는 것을 강조하고 있다. 이 두 구절은 우리가 제자들을 선택할 때 그들을 그리스도의 제자로 육성하는 것 자체가 목적이 아니라 그들이 온 세상 모든 족속을 제자로 삼는 영적 승법번식을 하는 사람들로 파송해야 한다는 것을 보여준다.

키포인트: 제자 선택의 세 번째 요소는 __주도권__ 을 갖는 것이다.

(4) 제자 선택의 네 번째 요소

4그룹으로 나누어 각 그룹별로 다음의 성경 구절들을 읽어보고 예수님께서 기대하시는 제자들의 특성에는 어떤 것들이 있는지를 말해보라.

A 그룹　마 4:18~22

이 구절에서 볼 수 있는 제자의 특질은 하나님을 향한 열망/열정(passion for God)과 유용성(availability) 2가지이다.
베드로는 예수 그리스도를 따르기 위해 모든 것을 버리고 주를 좇았다고 고백한다. 예수님은 제자들을 선택하실 때 예수님을 최우선 순위에 두길 기대하신다. 제자는 그리스도를 알고자 하는 열망으로 가득차야 하며 그리스도를 아는 지식의 고상함 때문에 모든 다른 것을 배설물처럼 여기려는 자세가 있어야 한다(빌 3:1~9a).
또한 나를 따르라는 예수님의 도전에 제자들은 즉시 자신들의 모든 것을 버리고 예수님을 따랐다. 이것은 예수님을 위해서 시간과 재능과 재산을 기꺼이 드리려는 제자들의 유용성(availability)의 표현이다. 예수님은 제자들을 선택하실 때 유능함(ability)에 초점을 두지 않으셨다. 예수님은 갈릴리의 어부들을 중심으로 제자들을 택하셨는데 그들 속에서 하나님의 것을 우선하고 기꺼이 자신의 것을 내어놓으려는 유용성을 보셨기 때문이다. 제자에게는 자신의 사적인 유익과 하나님 나라의 유익이 충돌할 때 하나님의 나라와 의를 먼저 구하고(마 6:33~34) 기꺼이 자신의 것을 내어놓으려는 유용성이 있어야 한다.

B 그룹　마 5:1~2

이 구절에서 볼 수 있는 제자의 특질은 배우려는 자세이다(teachable heart).
이 구절은 예수님께서 산상수훈을 시작하게 된 상황을 설명해 준다. 수많은 무리가 예수님을 따르자 예수님은 산등성이로 올라가셨고 그때 제자들은 예수님의 가르침을 받기 위해 예수님께 가까이 나아왔다. 그들은 배고픔을 해결해 주거나 질병을 고쳐주는 예수님을 따라다니는 수많은 군중들과 달리 예수님의 가르침을 받기 위해 항상 그의 가까이에 있었던 사람들이었다. 제자는 모든 일에 배우려는 자세를 갖추고 있어야 한다. 배우려 하지 않는 사람이 예수님이 쓰시기 가장 어려운 사람이다.

C 그룹 마 25:21

____

____

이 구절에서 볼 수 있는 제자의 특질은 충성스러운 태도(faithfulness)이다. 이 구절은 달란트 비유에 나오는 말씀이다. 비유에서 다섯 달란트와 두 달란트 맡은 종들이 남긴 액수는 달랐으나 그들에 대한 주인의 평가는 똑같았다. 이것은 주인이 결과 자체보다는 일을 하는 의도와 과정의 충실성과 정직성에 중심을 둔다는 것을 보여준다. 일을 맡은 자는 맡겨주신 주인을 신뢰하고 선한 동기와 충성스런 자세로 최선을 다해야 한다. 일을 맡은 자들에게 구할 것은 충성이라고 말씀하신다(고전 4:1~2). 제자에게는 충성스런 자세가 있어야 한다.

D 그룹 딤후 2:2

____

____

이 구절에서 볼 수 있는 제자의 특질은 다른 사람을 지도할 수 있는 능력(ability to Lead Others)-리더십이다. 바울은 처음에 바나바로부터 안디옥 교회 교사로 초청을 받아 사역을 함께 하며 바나바로부터 제자화 사역의 원리와 방법, 태도, 자세들을 배웠다. 나중에 바울은 제자화 사역 전문가가 되어 많은 사람들에게 전도하며 그들 중의 몇 사람을 제자로 육성하여 각 교회의 지도자로 세웠다. 디모데는 에베소 교회의 지도자로, 디도는 그레데 교회의 지도자로, 실라는 자신의 선교동역자로 각각 세워 사역을 하게 했다. 그러나 바울은 그들이 자신의 교회의 성도들의 육성에만 온 힘을 쏟는 것이 아니라 지속적인 영적 재생산을 하는 리더들이 되기를 원했다. 그는 제자들이 또 다른 사람들을 전도하고 육성하며 파송할 수 있는 역량을 갖춘 제자들 즉, 지도자가 되도록 세워나갔다. 제자들은 다른 사람을 전도하고 육성하며 지속적인 영적 승법번식을 하도록 이끌어 나갈 수 있는 능력, 곧 리더십을 갖춰야 한다.

키포인트: 제자 선택의 네 번째 요소는 특정한 자질을 갖춘 제자들을 선택하는 것이다.

제자는 적어도 다음과 같은 자질들을 갖추고 있어야 한다.

1) 하나님을 알고자 하는 열망 (Passion for God)
2) 유용성 (Availability)
3) 배우려는 자세(Teachability)
4) 충성스런 태도(Faithfulness)
5) 다른 사람을 지도할 수 있는 능력(Ability to Lead Others)

제자화 사역은 저절로 이루어지지 않는다. 제자의 선택에서부터 시작하여 제자화 사역을 지속해 나갈 때 피해야 할 함정들이 있다. 먼저 제자를 선택할 때에 피해야 할 함정을 알아보자.

1 제자 선택 과정에서 피해야 할 함정들

(1) 첫 번째 함정

다음 성경 구절들을 읽고 아래 물음에 답해보라.

"그리스도 예수 안에서 나와 함께 갇힌 자 에바브라와 또한 나의 동역자 마가, 아리스다고, 데마, 누가가 문안하느니라" (몬 1:24)

"그리스도 예수의 종인 너희에게서 온 에바브라가 너희에게 문안하느니라 그가 항상 너희를 위하여 애써 기도하여 너희로 하나님의 모든 뜻 가운데서 완전하고 확신 있게 서기를 구하나니 그가 너희와 라오디게아에 있는 자들과 히에라볼리에 있는 자들을 위하여 많이 수고하는 것을 내가 증언하노라 사랑을 받는 의사 누가와 또 데마가 너희에게 문안하느니라" (골 4:12~14)

"데마는 이 세상을 사랑하여 나를 버리고 데살로니가로 갔고 그레스게는 갈라디아로 디도는 달마디아로 갔고 누가만 나와 함께 있느니라 네가 올 때에 마가를 데리고 오라 그가 나의 일에 유익하니라" (딤후 4:10)

토의 바울의 제자들 가운데 데마에게는 무슨 일이 일어났는가? 왜 이런 일이 일어났다고 생각하는가? 이런 일을 예방하려면 어떻게 하는 것이 가장 좋은 방법이라고 생각하는가?

토의의 초점은 바울이 데마라는 사람을 제자로 육성하려고 했으나 그를 제자로 세우지 못하고 실패하는 경험을 통해 우리의 제자 선택에서 믿음과 성령 충만이 참으로 중요하다는 사실을 강조하는 것이다.

바울은 가는 곳마다 전도했고 그들 가운데 잠재력이 있는 사람들을 제자로 세워 육성했다. 에바

브라, 마가, 아리스다고, 누가, 디모데 등 바울의 많은 제자들이 끝까지 바울 곁에 충성스럽게 남아있었으나, 데마는 바울을 버리고 떠나갔다 한다. 특히 바울은 데마가 떠난 이유를 그가 세상을 사랑했기 때문이라고 말한다. "이 세상이나 세상에 있는 것들을 사랑하지 말라 누구든지 세상을 사랑하면 아버지의 사랑이 그 안에 있지 아니하니 이는 세상에 있는 모든 것이 육신의 정욕과 안목의 정욕과 이생의 자랑이니 다 아버지께로부터 온 것이 아니요 세상으로부터 온 것이라 이 세상도, 그 정욕도 지나가되 오직 하나님의 뜻을 행하는 자는 영원히 거하느니라" (요일 2:15~17). 데마가 세상을 사랑하여 세상의 유혹에 넘어간 것은 그의 믿음의 기초가 불완전하고 그의 삶이 성령 충만하지 않았기 때문이었을 것이다. 제자 선택에서 우리는 믿음의 토대가 확실한지 그리고 그가 매일 순간순간 성령 충만한 삶을 살아가는지를 보고 선택해야 한다.

키포인트: 제자 선택의 첫 번째 함정은 믿음 과 성령 이 충만하지 않은 사람을 선택하는 것이다.

(1) 제자는 오직 믿음으로 사는 사람이다. 따라서 믿음이 온전치 않거나 성숙하지 않은 사람을 제자로 세우는 것은 제자 사역 실패의 지름길이다.

(2) 제자의 삶의 원동력은 성령 충만에 있다. 성령이 충만하지 않은 사람은 하나님의 일을 자신의 힘이나 지혜로 하려다가 좌절과 낙심에 빠져 도중에 제자의 삶을 포기하게 된다.

(3) 믿음과 성령이 충만하지 않은 사람을 제자로 선택하면 많은 시간을 허비하게 되고 결국은 승법번식이 이루어지지 않는 결과들을 낳게 될 것이다.

(2) 두 번째 함정

다음 성경 구절들을 읽고 아래 물음에 답해보라.

"바울과 및 동행하는 사람들이 바보에서 배 타고 밤빌리아에 있는 버가에 이르니 요한은 그들에게서 떠나 예루살렘으로 돌아가고" (행 13:13)

"며칠 후에 바울이 바나바더러 말하되 우리가 주의 말씀을 전한 각 성으로 다시 가서 형제들이 어떠한가 방문하자 하고 바나바는 마가라 하는 요한도 데리고 가고자 하나 바울은 밤빌리아에서 자기들을 떠나 함께 일하러 가지 아니한 자를 데리고 가는 것이 옳지 않다 하여 서로 심히 다투어 피차 갈라서니 바나바는 마가를 데리고 배 타고 구브로로 가고 바울은 실라를 택한 후에 형제들에게 주의 은혜에 부탁함을 받고 떠나 수리아와 길리기아로 다니며 교회들을 견고하게 하니라" (행 15:36~41)

이 구절들은 어떤 사건을 말하고 있는가? 왜 이런 일이 벌어졌는지 그 이유를 찾아 보고 또 그 일로 인해 어떤 결과가 나타났는지를 말해 보라.

토의의 초점은 마가 요한을 선교 사역에 동참시키는 과정에서 마가 요한이 가지고 있던 여러 가지 미성숙한 요소들을 사전에 충분히 고려하지 않았을 때 나타난 갈등을 보여줌으로써 제자를 선택할 때 여러 가지 성숙의 요소들을 고려해야 함을 강조하는 것이다.

이 두 구절에서 우리는 마가 요한으로 말미암아 위대한 선교사들인 바나바와 바울이 갈등을 빚고 다투어서 결국 갈라지는 것을 보게 된다. 마가 요한은 바나바의 생질로서 바나바의 요청으로 선교팀에 합류했을 가능성이 높다. 조카를 선교 훈련에 참여시켜 주의 일에 충성하는 좋은 선교사로 만들려는 바나바의 선한 의도가 있었을 것이다. 성경은 마가 요한이 도중에 선교 여행을 포기한 이유를 정확하게 밝히고 있지 않으나, 아마 그 당시 마가 요한은 아직 어리고 유약하여 힘든 선교 여행을 참지 못해 바나바와 바울의 기대를 저버리고 도중에 집으로 돌아가 버린 것으로 추측된다. 바울은 첫 번째 선교 여행 도중에 포기하고 돌아간 마가가 중요하고도 힘든 선교 여행에 적합하지 않다고 여겨서 두 번째 선교 여행에 동참시키지 않으려 했던 것으로 보인다.

마가 요한이 도중에 포기한 이유가 무엇이었든 그는 선교 여행을 끝까지 감당할 만큼 충분한 영적, 정서적, 지적, 성숙이 안 되었던 것만은 분명하다.

키포인트: 제자 선택의 두 번째 함정은 성숙의 요소 를 무시하는 것이다.

1) 제자 선택에서 고려해야 할 성숙의 요소는 두 가지로, 사회적 요소와 인격적, 정서적 요소이다.
2) 사회적 성숙의 요소는 다른 사람과 관계를 형성하고 지속해 나가는 능력이다. 이것은 제자로서 팀으로 사역할 수 있는지의 여부를 판단하는 기준이 된다.
3) 인격적, 정서적 요소는 주어진 임무를 수행해 나가고 책임을 완수해 나가는데 필요한 능력과 관련된 요소이다.
4) 사회적으로나 인격적, 정서적으로 성숙한 사람이 승법번식을 잘 수행해 나갈 수 있고, 또한 더 많은 사람들에게 영향력을 끼치게 되며 궁극적으로는 제자화의 목표를 달성할 수 있게 된다.

(3) 세 번째 함정

다음 성경 구절들을 읽고 아래 물음에 답해보라.

"우리 중에 이루어진 사실에 대하여 처음부터 목격자와 말씀의 일꾼 된 자들이 전하여 준 그대로 내력을 저술하려고 붓을 든 사람이 많은지라 그 모든 일을 근원부터 자세히 미루어 살핀 나도 데오빌로 각하에게 차례대로 써 보내는 것이 좋은 줄 알았노니 이는 각하가 알고 있는 바를 더 확실하게 하려 함이로라" (눅 1:1~4)

"데오빌로여 내가 먼저 쓴 글에는 무릇 예수께서 행하시며 가르치시기를 시작하심부터 그가 택하신 사도들에게 성령으로 명하시고 승천하신 날까지의 일을 기록하였노라" (행 1:1~2)

토의 누가복음과 사도행전의 수신인의 칭호에는 어떤 변화가 있는가? 이 변화는 무엇을 의미하는가? 누가의 편지를 받은 "각하" 데오빌로는 후에 로마 제국 내의 지도층 복음 전파에 어떤 영향을 끼쳤을 것으로 생각하는지 상상해 보고 의견들을 서로 나눠 보라.

여기에서 토의의 초점은 "각하" 라고 불리는 사람인 데오빌로를 제자화 대상으로 삼아 누가가 편지를 보낸 것을 통해 제자화 대상에는 사회적 신분이나 지위가 문제가 되지 않는다는 것과 또한 그런 사회 지도층들도 제자화 대상으로 여겨야 할 필요성을 보여주는 것이다.

이방인 그리스도인 누가는 이방인이 예수 그리스도를 믿는 것에 대한 어려움을 누구보다도 잘 이해할 수 있었다. 여기서 각하가 누구를 가리키는지에 대해서는 의견이 분분하다.

(1) 데오빌로는 데오스(하나님)와 필로스(사랑)의 합성어로 그 이름의 뜻은 "하나님을 사랑하는 사람" 또는 "하나님이 사랑하는 사람" 이라는 뜻이다. 그래서 어떤 사람들은 여기서 데오빌로가 어떤 특정인을 가리키는 것이 아니라 하나님을 사랑하는 그리스도인 독자를 가리킨다고 생각한다(Bruce). 그러나 '각하' (눅 1:3)라는 존칭을 사용한 것을 볼 때 이러한 주장은 신빙성이 적어진다. 왜냐하면 실재의 인물이 아닌 사람에게 그러한 존칭을 사용했을 리가 없기 때문이다.

(2) 데오빌로는 실재했던 인물로, '각하' 라고 불릴 만큼 높은 관직에 있던 사람이었을 것이라 고 본다. 그렇다면 당시의 상황과 직위를 고려해 볼 때 그는 적어도 총독 이상의 직위를 가진 사람이었을 것이다. 따라서 당시 유대 지방의 총독들인 벨릭스(행 23:26; 24:3)나 베스도(행 25:1; 26:25)를 가리키는 것일 수도 있고 도미티안(Domitian) 황제의 조카인 티투스 플라비우스 클레멘스(Titus Flavius Clemens)가 신자가 된 후에 데오빌로라는 이름으로 개명했을 수도 있다. 또는 37~41년 사이에 유대인 제사장 가운데 데오빌로라는 이름을 가진 사람이 있었는데 그를 가르킬 것이라고 추측한다(R. Eisler).

(3) 데오빌로가 누구인지는 확실하게 말하기는 어렵다. 그러나 당시에 책을 저술하여 누구에게 증정하는 관례가 있었던 점으로 볼 때, 데오빌로라는 수신자는 분명히 역사적인 한 인물이었음이 분명하다. 그리고 누가복음 서두의 내용(눅 1:3, 4)은 그가 상당한 지식인으로 이미 예수 그리스도에 대해서 이해와 관심을 가진 사람인 것을 말해준다.
누가가 데오빌로에게 누가복음과 사도행전을 써서 보낸 것은 그가 듣고 보고 배운 복음의 진리를 더욱 확실하게 해주기 위함이었다. 누가는 사회 고위층 지도자인 데오빌로에게 편지로 제자화를 하고 있는 셈이다.
안디옥 교회에도 당시 분봉왕 헤롯의 젖동생 마나엔이 교회에 출석하고 있었다. 네로 황제와 도미티안 황제의 극심한 박해를 겪던 기독교는 마침내 A.D. 313년 콘스탄틴 황제의 개종으로 탄압에서 벗어나 로마의 국교로 자리를 잡게 되었다. 이렇게 되기까지 보이지 않는 로마 제국의 여러 지도자들이 지속적으로 복음의 확산에 기여를 했을 것이다. 따라서 사회 지도층에게 복음을 전하고 그들을 그리스도의 제자로 삼는 것은 지상명령 성취를 돕는데 큰 힘을 발휘하며 그것을 가속화 시키게 할 것이다.

키포인트: 제자 선택의 세 번째 함정은 사회 지도층 을 제자화의 대상으로 생각하지 않는 것이다.

1) 사람은 누구나 살아가면서 서로 영향을 주고 받기 때문에 그 사람의 사회 문화적 배경과 상관없이 누구나 제자가 될 수 있다.
2) 특히 사회 문화적으로 높은 지위에 있는 사람들은 그렇지 않은 사람들 보다 훨씬 더 많은 사람들에게 영향력 을 미칠 수 있으므로 사회 지도층의 사람 들을 제자화 대상으로 여겨야 한다.
   이들을 제자화하는 것이 중요한 이유는,
   (a) 사회 문화적으로 높은 지위에 있는 사람들도 예수 그리스도를 믿지 않으면 구원을 받을 수 없다. 뿐만 아니라 그들도 개인적으로 그리스도를 알고 성장

하며 제자로 살고 싶어 하기 때문이다.

(b) 모든 지도자들은 하나님이 세우신다 는 것이 성경적 원리다. 하나님은 사회문화적으로 높은 지위에 있는 사람들이 많은 사람들에게 그리고 또 다른 지도자들에게 복음을 전하는데 그들의 영향력 을 사용하기를 기대하신다. 그들을 제자화하는 것이 지상명령 성취에 대단히 중요하므로 사회 지도층을 제자화 사역의 대상에서 제외하지 말아야 한다.

2 제자화 사역에서 피해야 할 함정들

(1) 첫 번째 함정

어느 농부의 이야기

당신은 어느 날 아침 '남쪽 밭' 을 갈러 간다고 아내에게 말했던 한 농부의 이야기를 들어 본 적이 있는가? 그는 트랙터에 기름을 넣기 위해 아침 일찍 출발했다. 그런데 가는 도중에 기름이 떨어졌다. 그는 기름을 얻기 위해 주유소로 갔다. 주유소로 가는 길에 돼지에게 밥을 주지 않은 사실이 갑자기 생각났다. 그는 옥수수 창고로 갔다. 거기서 먹이 자루를 찾았다. 그런데 그 자루 옆 저장고에 있는 감자에 싹이 트고 있는 것을 발견했다. 감자 구덩이를 향해 부지런히 가는 길에 그는 장작더미 앞을 지나가게 되었는데, 장작더미를 보는 순간 집에서 아내가 장작을 부탁했던 사실이 생각났다. 몇 개의 나무 토막을 줍고 있을 때 병든 닭이 옆을 지나갔다. 그는 장작을 땅에 내려 놓고 그 닭을 쫓아갔다. 이미 황혼 녘이 되었건만 그 농부는 벌판에 홀로 세워 둔 트랙터에 도달하지 못했다.

- 스테펀 더글라스, 『크리스찬의 자기관리』 (서울: 순출판사, 1989), 11. -

질문 이 농부에게 무슨 일이 일어났는가?

____

____

농부는 처음에 밭을 갈려던 자신의 목표를 이루지 못했다. 그것은 그가 게으르거나 최선으로 일을 하지 않았기 때문이 아니다. 그는 눈에 보이는 대로 이런저런 시급한 일들을 하느라 정작 그 날 해야 할 '밭을 간다' 는 중요한 목표를 상실했다.

키포인트: 제자화 사역의 첫 번째 함정은 제자화의 <u>목표를 상실하는 것</u> 이다.

(1) 제자화 사역의 목표는 하나님의 말씀에 순종하며 모든 세대에 지상명령 성취를 돕는데 적극적으로 참여하는 성령 충만한 그리스도인들의 운동을 일으키는 것이다.

(2) 제자화 과정에서 하는 모든 활동들은 항상 이 목표를 기준으로 점검하고 평가하고 수정해야 한다.

예수님은 항상 자신의 말과 행위가 하나님이 자신에게 하라고 주신 일의 완수라는 목표(요 17:4)에 일치하는지를 염두에 두셨다.

(2) 두 번째 함정

다음 두 사례를 읽고 질문에 답해보라.

[사례 1]

대전지구의 한 순장이 축구를 좋아해서 축구순을 만들기로 하고 대전 지구의 형제들을 찾아다니며 홍보를 했다. 많은 형제들이 호응을 했고 축구팀이 구성되었다. 그래서 그들은 매주 토요일 축구를 했다. 그들은 한 번도 빠짐없이 열심히 모였고 서로 아주 친해지고 축구할 때뿐만 아니라 평소에도 서로 간에 형제애도 돈독해져 갔다. 그런데 축구를 좋아하지 않거나 잘하지 못하는 형제들은 물론 자매들까지도 축구순이 너무 자기들끼리만 친하게 지낸다고 불평을 하기 시작했다.

토의 이 축구순의 장점은 무엇인가? 또 이 순에서 부족한 점은 무엇인가?
앞으로도 계속 이 축구순이 이렇게 활동을 해 나간다면 대전지구 전체에 어떤 영향을 미칠 것으로 생각하는가?

____

____

① 이 축구순의 장점은 순장이 대단한 열정을 가지고 새로운 축구순 활동을 시작했다는 점이다. 이런 열정은 많은 다른 순원들에게 전염되어 지구 전체의 사역과 부흥에 도움이 된다.

② 이 축구순의 단점은 지나치게 형제들 중심이고, 그것도 축구를 좋아하는 사람들끼리 친하다는 것이다. 축구순끼리는 아주 친하지만 다른 형제 자매들과는 축구순이라는 것이

도리어 교제의 장벽이 된 것이다. 이렇게 순이 내향화되므로 다른 형제나 자매들이 축구순으로 인해 소외감을 느끼고 배타적이라고 느껴서 오히려 전체 지구의 화합을 깰 수 있다. 이 지구에서 축구순이 활성화 되면 될수록 자칫하면 다른 특별 순이나 일반 순들과 장벽이 생길 수 있고, 원래 순이 해야 할 기능을 제대로 하지 못할 수도 있다.

[사례 2]

전주지구에 각자 다른 대학을 다니지만 여러 가지 사정으로 같은 시기에 휴학을 했다가 복학한 5명의 자매들이 있었다. 전주지구의 간사님이 이 자매들과 순모임을 하기로 하고 시간과 장소, 사용할 교재를 정한 후 순모임을 시작했다. 처음에는 모두 기대와 설렘을 가지고 열심히 순모임에 참여했다. 그러나 한 달이 지나자 한 자매가 학비를 벌기 위해 아르바이트를 해야 한다며 순모임에 나올 수 없다고 간사님께 알려왔다. 자매들이 각각 다른 대학을 다니고 또 복학생들이라 공부에 많은 신경을 쓰다 보니 그 후에도 순모임은 계속 됐지만 차츰 활기가 없어지고 그냥 성경공부만 하고 흩어지는 횟수가 많아졌다. 나중에 이 자매들은 결국 간사님께 더 이상 순모임을 할 수 없다고 말했다.

토의 이 자매들이 순모임에 흥미를 잃게 되고 결국엔 순모임을 하지 않게 된 요인들을 무엇이라고 생각하는가? 이들을 제자화 사역에 참여시키려면 간사님은 어떻게 해야 한다고 생각하는가?

---

① 이 순의 장점은 간사님의 순모임에 대한 열정과 헌신이다. 이런 헌신과 열정은 지구 순장 순원들에게 순모임에 대한 강한 동기를 부여할 수 있고 그래서 순모임 활성화와 정착에 큰 기여를 할 수 있다.

② 이 순의 단점은 순 구성원들 간의 이질성이다. 다른 대학을 다니는 자매들을 한 순으로 묶는 것은 서로의 스케줄 조정에 어려움을 겪게 되며, 순모임 시간 외에는 서로를 알아가고 교제하기가 쉽지 않아서 친밀도가 약해지게 된다. 결국에는 순원들이 서로 소외되어 와해될 수 있다.

키포인트: 제자화 사역의 두 번째 함정은 순원들 사이의 친밀도 에 불균형이 생기는 것이다.

(1) 한 순 안에서 순원들 간에 친밀도 가 지나치게 높으면 순이 도리어 장벽이 되어 다른 순원들이 함께 하기 어려운 배타적인 순으로 내향화 되기 쉽다.

(2) 한 순 안에 친밀도 가 너무 낮으면 소속감이나 동질감을 느끼지 못하고, 친구로서의 우정이나 신뢰감과 결속력 이 떨어져 순이 와해될 수도 있다.

(3) 따라서 순이 건강하게 성장하고 영향력을 극대화하기 위해서는 내향성과 외향성 사이에 적절한 균형 이 이뤄지도록 노력해야 한다.

3. 제자화 사역을 위한 개인 전략

학생용 교재 26p

(배운 내용을 자신에게 적용하는 부분이므로 구체적이고 실제적으로 개인 전략을 세우고 이를 실천하고 적용하도록 권면하라.)

1 현재 당신은 순원을 육성하고 있는가? 있다면 당신의 순원(들)을 제자화 사역으로 전환하기 위해서 우선적으로 해야 할 일들은 어떤 것들이라고 생각하는가?
아래 표에 무엇을 어떻게 언제부터 할 것인지 적으라.

제자화 사역을 위해 할 일 (WHAT)	방법 (HOW)	스케줄 (WHEN)

2 만약 순원이 없다면 제자화 사역을 위해 당신이 지금 가장 시급하게 해야 할 일은 무엇이라고 생각하는가? 언제 어떻게 어디서 누구를 대상으로 제자화 사역을 할 것인지 계획을 세우고 실천하기 시작하라.

제자화 사역을 위해 할 일 (WHAT)	방법과 대상 (HOW & WHO)	스케줄 (WHEN)

3 현재 당신의 순모임을 평가해 볼 때 앞에서 언급한 함정들에 해당하는 항목들이 있는가? 있다면, 어떻게 그런 함정들에서 벗어날 수 있는지 방법들을 말해보고 앞으로 그런 함정들을 피하기 위해서는 어떻게 해야 할지를 적어보라.

내 제자화 사역의 함정들	함정에서 벗어나는 방법들	함정을 예방하는 방법들

강의 3

승법번식 하는 제자화 순의 특성

개관
목적

승법번식하는 제자화 순의 특성을 이해함으로
당신의 순이 제자화 순으로 성장하도록 돕는 것이다.

학습
목표

1. 승법번식 하는 제자화 순의 3가지 특성을 말할 수 있다.
2. 제자화 순원들의 그리스도에 대한 믿음과 사랑이 성장하도록 돕는 방법을 알 수 있다.
3. 잃어버린 자들에 대한 열정과 관심이 자라도록 격려하는 방법을 알 수 있다.

개요

서론: 당신의 순의 특성을 세 단어로 표현한다면 어떻게 표현할 수 있을까?

1. 제자화 순의 3가지 특성

1 첫 번째 특성: 그리스도에 대한 사랑과 신뢰의 성장(살전 1:3~8)

(1) 그리스도에 대한 믿음과 사랑이 성장하지 못할 때 생기는 문제들

1) 순의 내향화

2) 목표 상실과 충성심 결여

(2) 순원들의 믿음과 사랑을 그리스도께로 집중시키는 방법

1) 순장 자신의 간증

2) 성경의 실례들과 약속(롬 4:20,21).

3) 감사와 찬양을 강조

4) 기도의 도전

2 두 번째 특성: 다른 순원들과 다른 그리스도인들에 대한 사랑과 관심의 성장(행 2:42~47)

(1) 순원들과 다른 그리스도인들에 대한 사랑과 관심이 성장하지 못할 때 생기는 문제들

1) 그리스도의 몸이 고통을 겪음(엡 4:16)

2) 걸림돌이 됨(살전 1:6, 7)

3) 신앙 열정이 식고 영적 성장이 느림

(2) 다른 순원들과 다른 그리스도인들에 대한 사랑과 관심을 표현하게 하는 방법

1) 순모임 이외의 시간 가짐

2) 순원의 질문, 생각, 의견에 대한 진지한 대답

3) 그리스도인이 영적 가족임을 강조(고전 12:12~14, 엡 2:19)

3 세 번째 특성: 잃어버린 자들에 대한 열정과 관심의 성장(마 9:36~38)

(1) 잃어버린 자들에 대한 열정과 관심이 자라지 않을 때 생기는 문제들

1) 잃어버린 자들은 영적으로 영원히 죽은 상태에 있게 됨(고후 2:15,16)

2) 제자화 순의 목표가 성취되지 못함

(2) 잃어버린 자들에 대한 열정과 관심이 자라도록 격려하는 방법

1) 잃어버린 자들을 위한 기도

2) 불신자들과의 교제

3) 일상생활 속에서의 전도

4) 잃어버린 자를 향한 하나님의 열망을 보여줌

5) 예수를 믿은 후에 자신의 변화를 기억하게 함

2. 실천사항

내가 인도하고 있는 순 안에서 제자화 순의 3가지 특성이 성장하도록 하기 위해 시작해야 할 일들

서론 학생용 교재 29p

(학생 전체에게 질문하고 2분 정도 주어 적게 하고 두 세명에게 발표하게 해 보라.)

질문 당신의 순의 특성을 세 단어로 표현한다면 어떻게 표현할 수 있을까?

기쁨, 열정, 나눔, 성경공부, 사랑, 기도 등등

1. 제자화 순의 3가지 특성 학생용 교재 29p

1 제자화 순의 첫 번째 특성

다음 성경 구절을 읽고 아래의 질문에 답해 보라.

살전 1:3~8 너희의 믿음의 역사와 사랑의 수고와 우리 주 예수 그리스도에 대한 소망의 인내를 우리 하나님 아버지 앞에서 끊임없이 기억함이니 하나님의 사랑하심을 받은 형제들아 너희를 택하심을 아노라... 또 너희는 많은 환난 가운데서 성령의 기쁨으로 말씀을 받아 우리와 주를 본받은 자가 되었으니 그러므로 너희가 마게도냐와 아가야에 있는 모든 믿는 자의 본이 되었느니라 주의 말씀이 너희에게로부터 마게도냐와 아가야에만 들릴 뿐 아니라 하나님을 향하는 너희 믿음의 소문이 각처에 퍼졌으므로 우리는 아무 말도 할 것이 없노라.

토의 데살로니가교회 성도들은 주변의 여러 지역에 놀라운 영향력을 끼치고 있었다. 그들이 이처럼 큰 영향력을 끼칠 수 있었던 원천은 무엇이라고 생각하는가?

(학생들에게 그룹을 짓게 하고 함께 토의하게 한 후 발표자를 정하여 토의 내용을 발표하게 하라.)
바울은 2차전도 여행 중에 데살로니가를 방문하였고, 이 곳 유대인 회당에서 세 안식일 동안에 예수님의 고난과 죽음과 부활에 대하여 설교하였다(행 17:1~3). 많은 헬라인과 적지 않은 귀부인들이 그의 설교를 듣고 복음을 받아들였지만, 유대인들은 '시기가 가득하여' 소동을 일으켜 바울을 잡으려고 했다. 이 소동으로 인하여 바울은 데살로니가를 떠날 수밖에 없었고 그 대신 디모데를 데살로니가에 보내 사역하게 했다. 데살로니가에서 사역하고 돌아온 디모데

의 보고를 들은 바울은 데살로니가 교회의 믿음의 진보를 칭찬하고 감사하면서(살전 3:6~9), 다른 한편으로는 그들에게 필요한 것을 가르치기 위해 데살로니가전서를 쓰게 되었다.

바울이 짧은 기간 데살로니가 성도들을 가르쳤지만, 그들의 삶 가운데 믿음의 역사, 사랑의 수고, 그리스도를 향한 소망의 인내가 확실하게 나타나고 있었다. 그것은 그들이 하나님의 사랑을 받아 감격하며, 또한 그들 안에 그리스도에 대한 사랑과 믿음이 있었기 때문이다. 하나님에 대한 그들의 사랑과 신뢰는 헬라지역 전체에 소문이 나 있었다.

키포인트: 제자화 순의 첫 번째 특성은 그리스도에 대한 사랑과 신뢰 가 성장하는 것이다.

이런 특성은 순원들의 삶 속에서 예수님을 닮고 싶은 열망과 하나님을 섬기기 원하는 간절한 소원으로 증명된다. 그리스도의 능력과 주권이 순모임과 개인적인 관계와 지상명령 성취를 돕는 것의 기초가 되어야 한다. 순원들은 순장이나 다른 순원들보다 예수 그리스도와 그의 무한한 자원을 신뢰해야 한다.

제자화 순에서 그리스도에 대한 사랑과 신뢰가 성장하지 못하면 어떤 문제들이 생길 것이라고 생각하는가?

(함께 토의하게 한 후 발표하게 하라.)

____

____

(1) 그리스도에 대한 믿음과 사랑이 성장하지 못할 때 생기는 문제들

1) 순모임이 내향화 된다.
   개인의 의견이 순을 지배하며 순원들은 그리스도가 아닌 자신들의 문제에 집착한다.

2) 제자화 순에 대한 공동의 목표 를 상실하게 되며 충성심 이 결여되어 순은 실패하게 된다.

그리스도에 대한 사랑과 신뢰가 없다면 그 순은 내향화될 것이다. 순이 '내향화' 된다는 것은 그들의 관심이 자신들에게 집중되는 것을 말한다. 그리스도께 초점을 맞추지 않은 순에는 이러한 현상이 분명하게 일어난다. 하나님의 말씀의 권위보다 개인의 의견이 순을 지배하게 되고 순원들은 자기 자신과 스스로의 문제들에 지나치게 집중 하게 된다. 이것은 자기 중심적인 분위기를 형성하게 된다(고후 10:12). 또한 그리스도 중심에서 벗어날 때 순원들은 공동의 목적을 갖지 못하며 순에 대한 충성심이 결여될 것이며, 일치감을 갖지 못할 것이다. 순원들은 각자 자신들의 개인적인 일들을 하기 원하게 될 것이다. 이러한 문제점들은 궁극적으로 순을 자기들끼리의 교제 중심의 친교 모임으로 이끌 것이다.

토의 주님에 대한 사랑과 신뢰를 키우기 위해 각자의 어려움들, 문제들, 시험, 마음의 상처, 여러 가지 필요 등을 그리스도께 맡기도록 순원들을 격려하는 방법에는 어떤 것들이 있는가?

____

____

(2) 제자화 순원들의 믿음과 사랑을 그리스도께로 집중시키는 방법

1) 그리스도께서 순장 자신을 통해 역사하셨던 내용들을 __간증__ 한다.

순장 자신의 삶에서 그리스도가 일해 오신 것을 순원들에게 이야기해 줌으로써 그리스도가 그들의 필요를 알고 계시고 충분히 채워주실 수 있다는 것을 깨닫게 하라. 지금 그들 각자의 일상생활 속에서 일하시는 주님에 대해 초점을 맞출 수 있도록 도우라(빌 4:6~8).

2) 하나님과 예수 그리스도에 대한 사랑과 믿음의 헌신에 대한 성경의 __실례들__ 과 __약속__ 들을 들려준다(롬 4:19~21). 특히 구약의 인물들이 좋은 예가 될 수 있다.

순원들과 비슷한 문제나 환경에 처했던 성경 속의 인물들의 본보기를 보여주면서 하나님의 말씀을 제시해 주는 것이 좋다. 구약의 인물들은 특별히 좋은 본보기이다. 시편에서 즐거움, 고통, 위기에 응하는 다윗의 예를 들어 말해 줄 수도 있다. 순장은 순원들에게 그들의 필요와 관련된 성경의 약속들을 보여주고 이러한 약속들을 개인적으로 적용하도록 도와주어야 한다.

3) 매일 매일의 삶에서 __감사와 찬양__ 을 강조한다.

하나님께 감사와 찬양을 드리는 것에 대해 강조할 때 순원들이 그리스도께 초점을 맞추게 될 것이다(빌 4:6~8). 순장 자신의 생활에서 부딪히는 여러 환경들을 감사와 찬양으로 이겨나가는 태도를 보여줌으로써 순원들에게 영향을 끼칠 수 있다(빌 4:9 참조).
주님께 대한 신뢰가 성장함에 따라 순원들은 하나님과 그분의 말씀의 권위에 대해 더욱 순종하게 될 것이다(요일 2:3~5).

4) 어떤 상황에서든지 기도의 능력을 믿고 기도 하도록 도전한다.

기도생활의 성장은 그리스도를 더욱 신뢰하게 할 것이다. 주님에 대한 신뢰가 성장하고 있는 순원은 기도를 우선으로 하며 그가 처한 환경에 대해 찬양하고 감사하는 법을 배우게 된다 (살전 5:18).

2 제자화 순의 두 번째 특성

다음 성경 구절을 읽고 아래의 질문에 답해 보라.

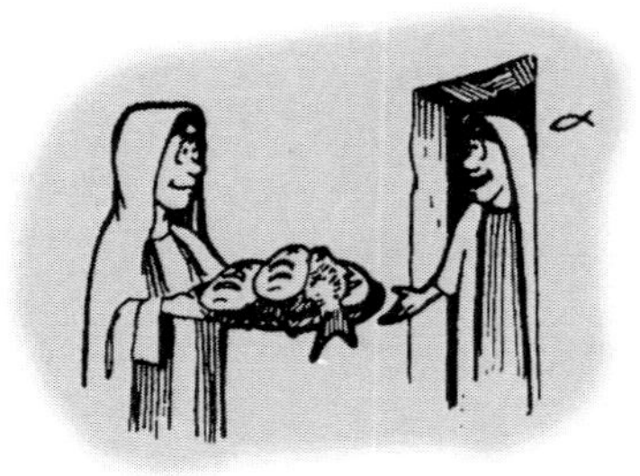

"그들이 사도의 가르침을 받아 서로 교제하고 떡을 떼며 오로지 기도하기를 힘쓰니라 사람마다 두려워하는데 사도들로 말미암아 기사와 표적이 많이 나타나니 믿는 사람이 다 함께 있어 모든 물건을 서로 통용하고 또 재산과 소유를 팔아 각 사람의 필요를 따라 나눠 주며 날마다 마음을 같이하여 성전에 모이기를 힘쓰고 집에서 떡을 떼며 기쁨과 순전한 마음으로 음식을 먹고 하나님을 찬미하며 또 온 백성에게 칭송을 받으니 주께서 구원 받는 사람을 날마다 더하게 하시니라" (행 2:42~47)

토의 위의 말씀에서 초대 교회 성도들의 하나님을 향한 믿음 외에 교회 밖의 불신자들에게까지 칭찬을 받게 하는 요인은 무엇이었는가? 또한 이로 인해 초대 교회에 어떤 일이 일어났는가?

____

____

초대 교회의 모든 성도들이 다 함께 모든 물건을 서로 통용하고, 재산을 팔아 각 사람의 필요를 따라 나눠 주며, 집에서 떡을 떼며 기쁨과 순전한 마음으로 음식 먹으며 교제했다. 하나님을 향한 마음과 더불어 다른 그리스도인들을 돌아보는 모습이 칭찬의 요소가 되었다. 그 결과 초대 그리스도인들은 힘든 상황을 견디어 냈을 뿐 아니라 숫적으로도 증가하게 되었다.

키포인트: 제자화 순의 두 번째 특성은 제자화 순 안의 다른 순원들 과 다른 사람들 에 대한 사랑과 관심이 성장하는 것이다.

초대 교회 성도들은 신앙에 대한 로마 제국의 대대적인 박해를 피해 어둡고 습하고 열악한 카타콤(the Catacombs: 로마 제국의 박해를 피해 하나님께 예배를 드리며 신앙을 지키기 위해 그리스도인들이 숨어 살던 지하 무덤) 속에서 함께 생활했다. 이들은 늘 죽음의 위협을 느끼면서도 끊임없이 서로를 사랑하고 섬기려고 최선을 다했다. 박해가 심해지면 질수록 그에 비례해 성도들 간의 서로에 대한 관심과 사랑과 헌신도 커져갔다. 동시에 수적으로도 크게 부흥되었다. 초대교회가 이렇게 놀랍게 성장할 수 있었던 이유는 성도들 서로 간에 깊은 관심과 사랑과 섬김이 있었기 때문이다.

토의 제자화 순에서 다른 순원들과 다른 그리스도인들에 대한 사랑과 관심이 성장하지 못하면 어떤 문제들이 생길 것이라고 생각하는가?

___

___

(함께 토의 한 후에 발표하게 하라)

사도 바울은 "몸은 하나인데 많은 지체가 있고 몸의 지체가 많으나 한 몸임과 같이 그리스도도 그러하니라 . . . 몸 가운데서 분쟁이 없고 오직 여러 지체가 서로 같이 돌보게 하셨느니라 만일 한 지체가 고통을 받으면 모든 지체가 함께 고통을 받고 한 지체가 영광을 얻으면 모든 지체가 함께 즐거워하느니라 너희는 그리스도의 몸이요 지체의 각 부분이라" (고전 12:12, 25~27)고 말씀하셨다. 믿는 자들간의 사랑과 일치가 분명하지 않을 때 그리스도의 몸 전체가 병들고 고통을 당하게 될 것이다. 제자화 순 안에 실천적인 사랑이 없다면 그 모임은 믿는 자들에게나 믿지 않는 자들에게 본이 될 수도 없고 영향력을 미칠 수도 없을 것이다.

(1) 순원들과 다른 그리스도인들에 대한 사랑과 관심이 성장하지 못할 때 생길 수 있는 문제들

1) 그리스도의 몸(교회나 공동체) 전체 가 같이 고통을 겪게 된다(엡 4:16).

2) 다른 그리스도인들과 불신자들에게 걸림돌 이 된다(살전 1:6, 7).

3) 순원 개개인의 신앙 열정이 식어지고 영적 성장 이 느려진다.

다음 성경 구절을 읽고 아래의 질문에 답해 보라.

"서로 사랑하라 내가 너희를 사랑한 것 같이 너희도 서로 사랑하라 너희가 서로 사랑하면 이로써 모든 사람이 너희가 내 제자인 줄 알리라"(요 13:34~35)

토의 이 말씀에서 예수님께서 강조하고자 하는 핵심이 무엇이라고 생각하는가? 우리가 예수님의 제자라면, 제자 됨을 세상에 어떻게 증명해 보일수 있다고 말씀하시는가? 이 말씀에 비추어 우리의 제자화 순 안에서 서로를 향한 사랑과 관심을 표현하고 성장시킬 수 있는 방법들을 얘기해 보라.

____

____

(힘께 토의하게 한 후에 발표하게 하라)
예수님께서는 주님의 제자임을 나타내는 표지는 서로 사랑하는 것이라고 말씀하셨다. 그리스도인들이 서로 사랑하지 않는다면 믿는 자들뿐 아니라 믿지 않는 자들에게 하나님의 뜻을 바로 나타내지 못하고 예수님의 제자가 어떤 사람들이라는 것도 드러내지 못하게 될 것이다. 서로 사랑하지 않는다면 더 이상 예수님의 제자라고 할 수 없다는 것이다.
'주님이 사랑하신 것처럼 서로 사랑하라' 세상의 이기적인 사랑이 아니라 때로는 손해가 될지라도 희생하는 서로를 향한 진정한 사랑을 통해 제자 됨을 증명해 보일 수 있다.

(2) 다른 순원들과 다른 그리스도인들에게 사랑과 관심을 표현하는 방법

1) 순모임 이외 의 시간을 더 많이 가진다.

상호간의 사랑과 관심은 순모임 외의 시간을 함께 보냄으로써 표현할 수 있다. 함께 식사나 쇼핑, 운동경기, 공부를 하는 것도 서로를 격려해 주고 사랑하는 실제적인 방법이 될 수 있다.

2) 진지한 영적 관심을 표현하거나 동기나 의도가 순수한 질문은 성실하게 대답해 주고 또 그 질문들에 대한 순원의 생각이나 의견 을 주의 깊게 듣는다.

다른 순원들에게 순수한 관심을 표명하며 질문도 하고 그들의 대답을 주의깊게 들어야 한다.

3) 모든 그리스도인들은 예수 그리스도 안에서 한 몸 이라는 것과 영적 가족이라는 것을 강조한다(고전 12:12~14; 엡 2:19).

순원들은 기쁨과 아픔을 함께 나눔으로 서로 더 가까워질 수 있다. 그리고 순원들 개개인의 성장을 위해서 순 전체가 함께 도와야 한다. 이를 위해 순장은 순원들과 개인적인 시간을 보

내며 순원 각자의 필요를 채워주기 위한 계획과 방법을 함께 세우고 서로를 격려해 주며 이 모든 일을 창조적이고 주도적으로 이끌어야 한다.

제자화 순에 속한 사람들은 서로에게 자기 자신을 주고 사랑과 관심을 표현할 창조적인 방법을 보여주시도록 하나님께 간구하라.

3 제자화 순의 세 번째 특성

다음 성경 구절을 읽고 아래의 질문에 답해 보라.

"무리를 보시고 불쌍히 여기시니 이는 그들이 목자 없는 양과 같이 고생하며 기진함이라 이에 제자들에게 이르시되 추수할 것은 많되 일꾼이 적으니 그러므로 추수하는 주인에게 청하여 추수할 일꾼들을 보내 주소서 하라 하시니라" (마 9:36~38)

토의 이 말씀에서 예수님이 제자들에게 가르치기 원하셨던 핵심은 무엇이라고 생각하는가? 만약 당신이 직접 그 자리에 있었다면 당신은 이 말씀을 어떻게 이해하고 순종했을 것으로 생각하는가? 어떻게 이 말씀을 당신의 제자화 순에 적용할 수 있을까?

____

____

(함께 토의한 후에 발표하게 하라.)

예수님은 잃어버린 자들이 방황하는 것을 안타깝게 여기셨다. 예수님은 제자들도 이러한 마음을 가져서 잃어버린 자들을 주님에게로 돌아오게 하는 "추수할 일꾼"이 되기를 원하셨을 것이다. 제자화 순은 단순히 자신의 신앙의 성숙만을 위해 모인 것이 아니라, 주님이 이 땅에 오신 목적처럼 우리도 잃어버린 자들이 주께 돌아오도록 복음 전할 계획을 세우고 함께 기도하고 함께 복음을 전하기 위해 모인다는 것을 잊지 않아야 한다.

키포인트: 제자화 순의 세 번째 특성은 잃어버린 자들에 대한 열정과 관심 이 성장하는 것이다.

토의 예수님의 지상 생애를 보면 잃어버린 자들(예수 그리스도를 모르거나 믿지 않는 사람들)에 대한 예수님의 마음을 엿볼 수 있다. 만약 당신의 제자화 순 안에 잃어버린 자들에 대한 열정과 관심이 자라지 않는다면 어떤 문제들이 생길 것이라고 예상하는가?

____

____

(함께 토의한 후에 발표하게 하라.)

(1) 잃어버린 자들에 대한 열정과 관심이 점점 더 자라지 않을 때 생길 수 있는 문제들

1) 잃어버린 자들은 영적으로 영원히 죽은 상태 에 있게 된다(고후 2:15, 16).

이 세상에 많은 사람들이 그리스도 없이 살다가 죽는다. 예수님은 다시 오셔서 이 세상을 심판하실 것이다. 그러나 심판하시기 전에 모든 사람이 회개하고 하나님께 돌아와 용서 받는 구원의 기회를 주기를 원하신다. 그러므로 주님은 심판을 늦추고 계신 것이다. "주의 약속은 어떤 이들이 더디다고 생각하는 것같이 더딘 것이 아니라 오직 주께서는 너희를 대하여 오래 참으사 아무도 멸망하지 아니하고 다 회개하기에 이르기를 원하시느니라" (벧후 3:9)

2) 제자화 순모임의 목표 가 성취되지 못한다.

제자화순의 목표는 하나님의 말씀에 순종하고 지상명령 성취를 활발히 도울 수 있는 성령 충만한 그리스도인들의 운동을 일으키는 것이다. 잃어버린 자들에 대한 사랑과 관심이 없다면 제자화 순의 목표는 성취되지 못 할 것이다. 세상에 대한 관심이 순원들의 마음 속에서 자라지 않는다면 그는 그 목적을 성취하기 위해 적극적으로 참여하지 못할 것이다.

[다음은 한국 CCC 창설자인 고 김준곤 목사가 들려준 이야기와 신앙 고백이다]

1963년 여름 경기도 양주 입석에서 수양회를 가졌다. 의과 대학에 다니는 한 학생은 사랑하는 친구 한 사람을 주님께 인도하려고 늘 기도하며 사랑으로 돌보고 있었다. 그의 친구가 수양회에 왔다가 분위기가 너무 벅차서 도망가려고 하자 그 학생은 나에게 와서 기도를 요청했다.
그날 밤 그가 홀로 뒷산 바위 밑에서 기도하는 소리를 들었다. "주여 내 친구를 구원하여 주옵소서. 내 생명을 취하시더라도 꼭 구원해 주옵소서" 라고 반복해서 기도하고 있는 것을 순회하다가 들었다. 결국 그의 친구는 결신을 했고 지금도 주님을 위해 살고 있다. 이 학생도 10여명의 제자를 키우고 있다.

- 김준곤, 『순론 노트』 (서울: 순출판사, 1971) -

내 생애에 일어난 최대 사건은 예수 그리스도 사건이다. 그리스도는 나의 생명이요, 사랑이요, 소망이요, 나의 평안이요, 지혜요, 힘이요, 모든 것의 모든 것이다. 그리스도의 절대가 다른 모든 것을 상대화시켰다. 그런고로 내가 내 사랑하는 자녀에게 남기고 싶은 유일의 유산은 예수 그리스도이다. 그리고 사랑하는 내 이웃에게, 내 동족들에게 목숨을 바쳐 드리고 싶은 것도 예수다.

- 김준곤, "나와 그리스도 사건", 『예수칼럼』 (서울: 순출판사, 1981(1989)) -

토의 제자화 순은 그리스도와 다른 그리스도인들에 대한 사랑과 관심이 자라갈 뿐 아니라하나님을 알지 못하는 잃어버린 자들에 대한 열정과 관심도 자라야 한다. 그렇다면 어떻게 잃어버린 자들에 대한 열정과 관심이 성장할 수 있을까?

____

____

(함께 토의한 후에 발표하게 한다.)

(2) 잃어버린 자들에 대한 순원들의 열정과 관심이 자라도록 격려하는 방법

1) 그리스도를 알지 못하는 잃어버린 자들의 참 필요를 알게 해달라고 <u>기도</u> 한다.
2) 지속적으로 불신자들에게 관심을 가지고 그들의 필요를 채워주려고 노력하며 그들과 <u>교제</u> 하게 한다.
3) 순원들과 함께 나가 <u>일상적인 상황 속에서</u> 복음을 전한다.
4) 성경을 통해서 세상 모든 사람들이 구원 얻기를 바라시는 <u>하나님의 열망</u> 을 보여 준다.
5) 예수를 믿기 전의 자신의 생활을 돌아보게 하고 예수를 믿은 후에 자신이 어떻게 <u>변화되었는지</u> 를 기억하게 한다.

순원들이 그리스도를 믿지 않는 자들을 위해 기도함으로 불신자들의 진정한 필요가 무엇인지 알게 한다. 그리고 계속적으로 그들과 함께 교제하도록 도우라. 뿐만 아니라 순원들을 전도 약속만남에만 참석시키지 말고 언제 어디서든 순원들과 함께 있을 때 자연스럽게 일상적으로 복음을 전하라. 또한 성경 말씀을 계속 공부하므로 온 세상 사람들을 구원하기를 원하시는 하나님의 열망을 그들에게 보여주어야 한다.

질문 당신이 90세에 죽었다고 가정해 보라. 그때 당신의 묘비에 사람들이 어떤 묘비명을 새겨주기를 원하는가? 사람들이 당신의 묘비에 그런 묘비명을 새기게 하려면 지금 당신은 무엇을 하며 어떻게 살아야 한다고 생각하는가?
(거꾸로 쓰는 이력서)

____

____

2. 실천사항

학생용 교재 35p

지금까지 공부해 왔던 제자화 순의 3가지 특성에 비추어 볼 때 내가 인도하고 있는 순 안에서 즉시 시작할 수 있는 일들에는 어떤 것들이 있는가?

나의순 3가지 / 제자화 순의 3가지 특성	현재의 순의 모습	제자화 순의 특성을 강화하기 위한 방법들	실천하기 위한 시기
1. 그리스도에 대한 신뢰와 사랑의 성장			
2. 제자화 순원들과 다른 그리스도인들에 대한 사랑과 관심의 성장			
3. 잃어버린 자들에 대한 열정과 관심의 성장			

강의 4

제자화 순의 구성 요소와 운영

개관 목적

제자화 순의 구성 요소들을 알고 순원들의 필요를 채우기 위하여
제자화 순을 어떻게 운영해야 하는가를 배움으로써
당신의 제자화 순이 지상명령 성취를 돕는 데 적극적으로 참여하도록 하려는 것이다.

학습 목표

1. 제자화 순을 구성하는 5가지 요소들을 말할 수 있다.
2. 제자화 순 활동의 실제적인 방법들을 제시할 수 있다.
3. 제자화 순에서의 지속적인 필요와 변하는 필요를 구별하고,
이 필요를 채워 주기 위한 활동을 계획하고 실행할 수 있다.

개요

서 론 : 행 20:17~21, 31~35에서 사도 바울이 효과적으로 제자화 할 수 있었던 요소들을 찾아보라.

1. 제자화 순을 설계할 때 갖추어야 할 구성 요소

(1) 분명한 목표

(2) 성경 말씀

(3) 전략과 사역 자료

(4) 순장의 영향력

  1) 모범

  2) 관계 수립

  3) 비전

  4) 전도

(5) 하나님의 인도

2. 제자화 순의 운영

(1) 순모임

  1) 나눔 2) 성경 공부 3) 실제적인 사역(비전, 전략, 훈련) 4) 기도

(2) 순의 기타 활동

  1) 개인 생활 2) 사역 3) 사회 활동

(3) 제자화 순을 운영할 때 고려해야 할 것

  1) 지속적인 필요

  2) 변하는 필요

※ 이 과에서는 질문이 많으므로 토의를 하지 않아도 될 질문들은 학생들 전체에게 질문하고 한 두명의 답을 들은 후 간단히 설명하고 넘어가도록 한다.

서론 학생용 교재 37p

토의 사도행전 20:17~21, 31~35에서 사도 바울이 다른 사람을 효과적으로 제자화 할 수 있었던 요소들을 찾아보라.

행 20:17~38의 내용은 바울이 예루살렘으로 가는 도중에 에베소교회 장로들을 만나서 그들에게 주는 권면의 말씀이다. 이때에 바울은 에베소교회 성도들을 제자화할 때 그가 어떻게 했는가를 상기시킨다:

① 바울은 겸손과 눈물과 시험을 참고 주를 섬겼다(Serving, 19절).

② 유익한 것은 언제 어디서나 전하고 가르쳤다(Teaching, 20절).

③ 유대인과 헬라인들에게 하나님께 대한 회개와 예수 그리스도에 대한 믿음을 증거했다(Witnessing, 21절).

⑥ 삼년동안 밤낮 쉬지 않고 눈물로 각 사람을 훈계했다(Discipling, 31절).

⑦ 은, 금, 재물을 탐하지 않았고 직접 일하면서 사역하므로 모든 일에 모본을 보였다(Giving an example, 35절).

바울의 제자화 순의 요소들을 염두에 두면서 우리가 어떻게 제자화 순을 구성해야 하는지 살펴보자.

제자화 순을 설계할 때, 제자화 순이 반드시 갖추어야 하는 5가지 구성 요소들이 있다. 이 강의에서는 이 구성 요소들과 순원들의 필요를 채워주기 위하여 어떻게 제자화 순을 운영해야 하는가에 대한 몇 가지 실제적인 제안들을 논의할 것이다.

1. 제자화 순을 설계할 때 갖추어야 할 구성 요소 학생용 교재 37p

1 분명한 목표

하워드 헨드릭스는 "지도자는 그가 가는 곳을 알며 다른 사람에게도 함께 가도록 설득할 수 있는 사람"이라고 말했다. 우리는 다른 사람을 제자로 훈련시키는 것 자체만으로 만족할 수 없다. 우리는 목표를 가지고 제자를 훈련한다.

제자화 순의 목표는 하나님의 말씀에 순종하며 모든 세대에 지상명령 성취를 돕기 위해 적극적으로 참여하는 성령 충만한 그리스도인들의 운동을 일으키는 것이다.

순모임이 목표를 잃어버리게 되면 어떤 일이 일어나게 될까?

- *의도하는 목표에 도달하지 못하고 방향이 없는 순모임이 될 것이다.*
- *계속 제자를 육성할 수는 있으나 제자 육성 자체로 끝나고 지상명령 성취를 돕는 것에 관심이 없으므로 그리스도인들이 힘을 모아 영적운동을 일으키는 일에 참여하지 않게 된다.*
- *순이 내향화 될 수 있다.*
- *예수 그리스도의 제자를 키우기보다는 자신의 제자를 키울 수 있다.*

제자화 순의 목표에 비추어 당신의 순이 개선해야 할 부분은 무엇인가?

____

____

제자화 순의 순장이 항상 염두에 두어야 할 것은 제자화 순의 분명한 목표를 갖는 것이다. 이 목표에 초점을 둘 때 제자화 순은 다른 사람들을 제자화 하는 것 그 자체로 끝나지 않게 될 것이다.

목표가 분명하지만 우리의 삶과 제자화 순에 방향을 제시하는 말씀으로 채워지는 것이 없다면 제자화 순의 목표도 잃어버릴 수 있다. 이것이 제자화 순을 구성하는 두 번째 요소가 필요한 이유이다.

2 성경 말씀

성경 말씀이나 성경적 내용을 가르치지 않을 때 제자화 순은 어떻게 될까?

- *순원들이 그리스도에게 초점을 맞추지 않게 될 것이다.*
- *하나님의 말씀의 권위보다 오히려 개인의 견해가 순모임을 지배할 수 있다.*
- *순원들은 자신과 자신의 문제들에 집중할 뿐 아니라 자신들이 관심있는 것만을 추구하게 될 것이다. 모임은 점점 흥미 위주의 내용을 첨가하므로 교양이나 친목을 위한 모임이 될 수도 있다.*

순원들이 하나님의 말씀에 순종하도록 돕는 것은 제자화 순의 중요한 목표이다. 그러나 하나님의 말씀에 순종하기보다는 내가 원하는 대로 하려는 우리의 성향 때문에 우리에게는 끊임없는 내적 싸움이 있다. 한편, 우리가 하나님의 말씀에 순종하려고 해도, 하나님의 말씀에서 멀어지게 하는 이 세상의 가치관과 사고방식이 끊임없이 우리를 유혹하므로 우리는 매일 갈등 속에서 살게 된다. 이런 내적, 외적 싸움 속에서 하나님의 뜻을 분명히 알고 또 그 뜻대로 순종할 수 있는 힘 을 얻는 것은 하나님의 말씀을 통해서만 가능하다 (참고 시 119:9~11; 딤후 3:16~17).

"청년이 무엇으로 그 행실을 깨끗하게 하리이까 주의 말씀을 따라 삼갈 것이니이다 내가 전심으로 주를 찾았사오니 주의 계명에서 떠나지 말게 하소서" (시편 119: 9~11)

"모든 성경은 하나님의 감동으로 된 것으로 교훈과 책망과 바르게 함과 의로 교육하기에 유익하니 이는 하나님의 사람으로 온전케 하며 모든 선할 일을 하기에 온전케 하려 함이니라" (딤후 3:16~17)

시편 기자가 말한 것처럼 우리의 삶을 인도해 줄 수 있는 하나님의 말씀이 우리에게 반드시 필요하다. 성경 말씀이 없으면 제자화가 일어날 수 없다.

3 전략과 사역 자료

제자화 순의 목표를 분명히 가지고 있다고 해도 그 목표를 이루기 위한 전략과 사역을 위한 자료가 없다면 목표는 결코 성취될 수 없다.

[사례 연구]

축구로 유명한 한 대학의 축구 코치 영수는 다가오는 큰 축구 경기에서 그의 팀이 꼭 승리하기를 간절히 원했다. 그는 매일 그의 팀 선수들을 만나면 그 대학의 옛 영광을 회복하기 위해 이번 경기에서는 반드시 이겨야 한다고 천부적인 언변으로 웅변을 토했다. 그의 이런 웅변을 들을 때마다 선수들은 열광적으로 반응하면서 "정말 감동이 되는군, 우리는 꼭 이길 수 있을 거야!"라고 말하곤 했다. 그러나 영수는 경기에서 이기기 위해 어떤 계획도 세우지 않았고 선수들에게 어떤 경기 방법도 가르치지 않았다. 그의 팀이 이겨야 한다는 동기 부여는 했지만 이기기 위한 구체적인 득점 계획이나 전략, 통일된 경기 지침 등을 가르치지 않았다. 시합하는 날에 어떤 일이 벌어질 것이라고 생각하는가?

질문 경기 계획 즉, 전략, 조직, 지침 등은 운동 경기 팀에 어떠한 도움을 주는가?

____

____

승리하기 위한 경기 계획과 전략을 알 때 선수들은 자신들의 역할을 잘 이해하고 실행할 수 있을 것이다. 이에 따라 일사분란하게 함께 움직이고 팀의 연합이 잘 이루어져서 경기를 승리로 이끌 수 있다. 또한 경기 규칙에 따라 경기할 때 반칙 처벌을 피할 수 있을 것이다.

질문 운동 경기에서 철저한 계획을 세우고 이에 따라 경기하는 것과 제자화 과정에서 전략과 사역 자료를 사용하는 것 사이에는 어떤 유사점이 있는가 ?

____

____

운동 경기 팀의 선수들이 효과적으로 함께 경기하기 위해 경기 계획이 필요한 것처럼, 제자화 사역에서도 함께 연합하고 수준 높은 사역을 이끌어 목표를 달성하기 위해 전략과 사역 자료가 필요하다. 정해진 계획이 없으면 누구나 자기 자신의 일만 하게 되고 결국 우리를 위한 하나님의 계획을 향해 성장해 나가는 것에 방해를 받게 된다.

오늘날의 그리스도인들도 축구 코치 영수와 같은 잘못을 하고 있다. 교회나 성경공부 모임, 제자화 순 등에서 그리스도인들이 복음을 듣고 온 세계로 나아가야 한다고 가르친다. 그러나 그들에게 구체적인 전략이나 방법을 가르치거나 훈련시키는 일은 하지 않고 있다. 따라서 많은 신실한 그리스도인들이 그리스도의 목적이 성취되는 것을 돕기 원한다 할지라도 그 일은 이루어지지 않고, 그들은 패배와 좌절을 맛보게 된다.

운동 경기에서 이기기 위해 계획과 전략을 짜는 것처럼 제자화 과정에도 목표를 이루기 위해 전략과 도구들을 갖추어야 한다.

질문 눅 10:1~11에 의하면, 예수님이 제자들을 세우시고 파송하시기 전에 어떤 지침(전략)을 주셨는가?

____

____

예수님은 제자들에게 그들이 어떻게 가야하는지(둘씩 짝지어, 1, 4절), 어디로 가야 하는지(친히 가시려는 각동 각처로, 1절), 가서 무엇을 말해야 하는지(하나님 나라가 가까이 왔다,

9. 11절), 언제 가서 언제 돌아와야 하는지(5~11절)를 가르치셨다. 이것은 주님이 사역에서 "계획과 전략"을 중요시 하셨음을 보여준다. 주님은 제자들을 단지 파송한 것만이 아니고 제자들이 임무를 맡을 수 있도록 준비시키셨다.

주님은 그들이 가야할 곳과 말해야 할 것, 그리고 여러 상황 속에서 대처하는 법을 가르치셨다. 사역 전략과 철저한 훈련 계획은 지상명령 성취를 위해 수많은 제자들을 세우고 가르치는 것을 가속화시킬 것이다.

전략		사역자료
전 도	개인 전도, 그룹 전도	사영리, 「P4U」 「사랑하는 형에게」 「순친전」 예수영화, 「The Compass」
육 성	Follow-Up	「새생활 시작 시리즈」 성령소책자, 「쉽게 전수할 수 있는 신앙개념」
	Start Up	「백문일답, 예수」 「열단계 성서 교재」
	Cru.Com	「Cru.Com I」 「Cru.Com II」 「Cru.Com III」
파 송	승법번식 하는 제자들	「Cru.com IV」 「Cru2」 「Life Builders」

다음의 도표는 제자로 육성하기 위한 간단한 전략과 자료들을 보여준다.
(더 자세한 커리큘럼은 GrowDIP 도표를 참조하라)
위의 도표에서는 CCC의 전도, 육성, 파송의 사역 전략과 이에 따라 성경의 내용을 다루는 교재가 사역의 자료로써 소개되어 있다. 여기에 소개된 자료들은 가장 기본적인 것들이며 이 밖에도 전략에 따라 다양한 자료들이 있다. 이에 대해서는 GrowDIP 도표를 참조할 수 있다.

이러한 학습 계획은 지상명령 성취라는 우리의 궁극적인 목적을 위해 제자들을 육성하는 전략과 사역 자료로 사용된다.

4 순장의 영향력

제자화 과정에서의 중요한 __영적인 배경__ 은 순장이 보이는 모범, 격려와 경책을 통하여 이루어지는 순장과 순원 사이의 친밀한 관계, 비전과 전도에 대한 강조이다.

(1) **모범:** 순장의 삶과 사역이 순원들의 삶에 영향을 주는 것을 모범이라고 말한다.

빌 4:9; 벧전 5:3을 읽으라.

질문 우리의 행동이 말보다 더 큰 영향을 끼치는 이유는 무엇인가?

____

____

사람들은 우리의 말과 행동이 일치하는지 주시한다. 만일 우리가 말한대로 행동한다면 우리를 더욱 따르려고 하지만, 말한대로 행하지 않는다면 사람들은 우리를 따르려 하지 않을 것이다. "유는 유를 낳기" 때문에 우리가 어떻게 하든지, 그것은 우리의 제자들의 삶 속에 나타난다.

사도 바울은 나를 본받으라고 말한다. 아마 우리들은 순원들에게 나를 본받으라고 말하기를 주저할 것이다. 우리는 모두 다 불완전하기 때문이다. 그러나 주님은 우리의 모습을 그대로 용납하신다. 그런데 이 점에서 우리가 알아야 할 것은 순원들은 우리가 본받으라고 말하지 않아도 우리를 모방한다는 것이다. 순장으로서 우리는 순원들에게 많은 영향을 끼치게 된다. 말하는 것, 삶의 태도, 생활 방식, 경우에 따라서는 말투까지 닮아간다. 공적으로 배운 것보다는 삶을 통해서 닮아가는 것이 훨씬 많기 때문이다. 그러므로 순장은 모든 일에 경건한 삶의 모범이 될 수 있도록 끊임없이 자신을 살피고 성장해가야 한다(빌 4:8).

(2) **관계 수립:** 순장과 순원 사이의 사랑과 신뢰의 친밀한 관계는 격려와 경책을 통하여 이루어진다.

질문 살전 2:7~12을 읽으라

친밀한 관계가 어떻게 제자화에 영향을 미치는가?

____

____

서로에게 헌신하고 섬기는 것은 신뢰를 돈독하게 한다. 사랑과 신뢰의 관계를 가질 때 정보와 비전을 쉽게 전수할 수 있다. 순원과 개인적이며 자연스러운 시간을 함께 보낼 때 제자화는 더욱 효율적이 된다.

순장은 순원들을 제자화하면서 경건한 부모의 역할을 하게 된다. 순원들에게 경건한 삶을 살도록 끊임없이 격려해야 하고, 또한 필요할 때 경책도 해야 한다. 올바르게 자라도록 부모가 경책하지 않고 자녀를 그대로 내버려 두면 오히려 자녀에게 해가 될 수 있다. 우리의 제자들도 사랑하기 때문에 때때로 경책할 필요가 있을 것이다.

갈라디아서 6:1은 죄의 길을 걷고 있는 형제나 자매들에게 훈계할 지침을 준다. "형제들아 사람이 만일 무슨 범죄한 일이 드러나거든 신령한 너희는 온유한 심령으로 그러한 자를 바로잡고 너 자신을 살펴보아 너도 시험을 받을까 두려워하라"

(3) 비전

질문 마 9:35~38을 보면 예수님의 비전이 제자들에게 전수되는 것을 볼 수 있다. 어떻게 순원들에게 비전을 전수할 수 있을까?

____

____

만일 우리가 한 특정 지역의 복음화에 헌신하려는 비전을 갖고 제자들과 함께 이를 위해 기도하고, 함께 계획하고, 함께 실행한다면 비전은 전수될 것이다. 비전은 '사로 잡히는 것' 이지 '가르쳐지는 것' 이 아님(Vision is caught, not taught)을 기억하는 것이 중요하다.

(4) 전도

질문 행 2:47; 5:42은 초대 교회가 전도를 강조하므로 제자화를 위한 적절한 배경을 제공했음을 보여준다. 전도를 강조하는 것이 제자화에 어떤 도움을 주는가?

____

____

일관된 전도 분위기는 운동을 일으키는 힘을 만들고, 계속적으로 새로운 잠재적 제자들을 키워주며 제자들의 새로운 세대가 자라나게 해 준다.

모범과 친밀한 관계 수립 외에 건전한 영적 환경의 또 다른 두 가지 요소는 비전과 전도이다. 순원들에게 전도에 대한 비전을 나누어 줄 수 있는 최선의 방법은 순장 자신 이 본이 되는 것 이다. 그리고 캠퍼스나 지역 사회에서 전도할 전략을 순원들과 함께 세움으로써 순원들에게 전도에 대한 비전을 심어줄 수 있다. 함께 전도하거나, 모임에 함께 참석하거나 순원들의 가족과 친구들을 위해 함께 기도하는 것도 도움이 될 것이다.

[실천 사항] 지금 당신의 제자화 사역의 배경 즉 모범, 관계 수립, 비전, 전도를 증진할 방법들을 목록으로 만들어 보라. 이 개선책을 수행할 방법과 시기도 기록하라.

[제자화 순의 배경을 개선하는 방법]

영 역	개선할 내용	개선 방법	수행 시기
모범			
관계 수립			
비전			
전도			

5 하나님의 인도

약 1:2~4은 시련이 우리의 성품을 성숙시키기 때문에 시험을 만나거든 기뻐하라고 말씀하고 있다. 당신의 삶에서 이 말씀을 경험한 적이 있다면 나누어 보라.

주님은 주님이 원하시는 모습으로 우리를 빚으시기 위해 우리의 __환경__ 을 사용하신다. 주님은 우리 각 개인의 삶을 위해 독특하게 고안된 주님 자신의 제자 훈련 과정을 가지고 계신다. 여러 환경들, 즉 갖가지 형태의 시험, 승리와 실패 또는 어려움과 고통 속에서 우리를 주님께로 이끌어 결국은 성장하게 하신다. 궁극적으로 제자를 훈련하시는 분은 __주님__ 이시다.
우리는 하나님이 여러 환경을 통해 우리의 인격을 성숙시키신다는 것을 제자들로 하여금 깨닫게 해야 한다.

야고보서 1:2~4은 환경을 사용하시는 하나님의 관점을 보여준다. 또한 하나님은 우리의 유익을 위해 이런 환경들을 최선으로 사용하신다고 약속하셨다.
베드로전서 1:6~7에 보면 "그러므로 너희가 이제 여러 가지 시험으로 말미암아 잠깐 근심

하게 되지 않을 수 없었으나 오히려 크게 기뻐하는도다 너희 믿음의 확실함은 불로 연단하여도 없어질 금보다 더 귀하여 예수 그리스도께서 나타나실 때에 칭찬과 영광과 존귀를 얻게 할 것이니라" 고 기록되어 있다. 시련은 성장을 가져온다.

제자화 순의 5가지 구성 요소, 즉 분명한 목표, 성경적 내용, 전략과 사역 자료, 순장의 영향력과 하나님의 인도하심을 가진 제자화 순이 순원들의 필요를 채우기 위해 어떻게 순모임과 순의 기타 활동을 해야 할지 이에 대한 실제적인 방안을 토의해 보자.

2. 제자화 순의 운영

학생용 교재 43p

제자화 순을 운영할 때 순에서 할 수 있는 활동들을 크게 둘로 구분할 수 있다. 순 활동들 가운데 성경 공부 중심의 모임을 순모임이라고 하고, 이러한 성경 공부 외에 다른 활동들을 순의 기타 활동이라고 구분한다.

1 순모임

일반적으로 순모임은 다음과 같은 활동들로 이루어진다.

(1) 나눔
(2) 성경 공부
(3) 실제적인 사역(비전, 전략, 훈련)
(4) 기도

2 순의 기타 활동

순모임 외에 제자화 순의 활동 영역들은 세 가지로 구분할 수 있다. 각각의 영역들은 순원들의 제자화 과정을 강화시켜주는 여러 창조적인 활동들과 목표를 제공해 줄 것이다.

(1) 개인 생활: 각 순원들과 개인적으로 시간을 보내며 그들의 개인적인 필요를 파악하고 이를 채우기 위해 목표를 설정하고 창조적인 해결을 계획함으로 순원들의 성장을 도울 수 있다(예: 시간 관리, 성적 관리, 인간관계 등).

(2) 사역: 대학 동아리, 지역 사회, 회사, 주거 지역 등에서 전도하는 것 등을 고려할 수 있다.

(3) 사회 활동: 함께 식사하는 것, 운동경기, 오락, 봉사활동에 함께 참여하는 것 등 순모임 외의 일을 그리스도인 형제나 자매들과 함께 계획하는 것들을 포함한다.

당신은 순모임 외에 순에서 어떤 활동들을 했는가? 왜 그런 활동들을 하게 되었으며 그 결과는 어떠했는가?

____

____

순모임이나 순의 기타 활동을 준비하고 인도할 때 고려해야 할 중요한 일이 있다.

3 제자화 순을 운영할 때 고려해야 할 것

제자화 순 활동을 계획하고 실행할 때 고려해야 할 중요한 요소는 순원들의 필요를 채우는 것이다. 순원들의 필요는 지속적인 필요와 변하는 필요로 구분할 수 있다.

(1) 지속적인 필요

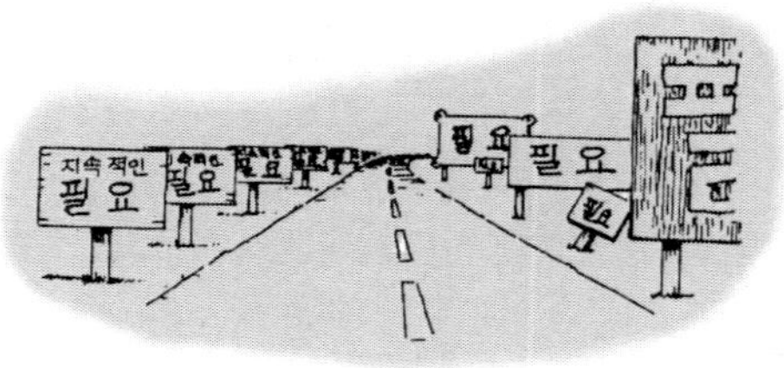

1) 정의: 감정이나 환경의 변화에 관계 없이 항상 존재 하는 필요이다.

2) 예: ① 구원은 세상의 모든 사람들에게 지속적인 필요이다.

② 모든 그리스도인들에게 영적 성장을 위해 기본적으로 필요한 것이 있다.

예수 그리스도의 유일성, 그리스도 안에서 믿음으로 구원을 얻는 방법, 구원의 확신을 갖는 방법, 승리하는 그리스도인의 삶을 살기 위해 순간 순간 성령 충만을 받는 방법, 다른 사람에게 믿음을 나누는 방법, 성령의 권능을 체험하는 방법 등을 알아야 한다.

③ 각 개인의 문제가 무엇이든지간에 순원들에게는 성경의 중심 진리를 알아야 하는 지속적인 필요가 있다.

3) 필요를 채우는 방법: 제자화 순을 위한 전략과 사역자료 를 따라 충실하게 교육하고 훈련할 때 지속적인 필요를 채울 수 있다.

지속적인 필요는 우리들이 필요를 느끼든 느끼지 못하든 간에 모든 믿는 자들의 영적 건강과 성장을 위해 기본적으로 필요한 것이다. 이러한 필요를 채우기 위해 우리는 훈련 과정과 자료를 가지고 있다.

(2) 변하는 필요

1) 정의: 변하는 필요는 환경, 현재의 문제, 관심사 등에 따라 생기는 필요이다. 이는 각 개인마다 독특한 것이며 감정적으로 변하는 것 이다.

2) 예: 이성 교제, 자아상의 문제, 친구와의 갈등, 가정의 문제, 진로 문제 등등

3) 필요를 채우는 방법

① 한 순원이 친구와의 갈등으로 어려워할 때 순장은 이러한 주제에 대해 다른 순원들과 함께 토의할 것인지 아니면 그와 개인적으로 다룰 것인지를 결정해야 한다.

② 순모임에서 여러 가지 변하는 필요들을 다룰 수 있지만, 변하는 필요를 모두 토론한다면 순모임은 방향을 상실하게 될 것이다. 그러므로 지속적인 필요를 채우기 위해서는 제자화 순의 사역 자료로 제시된 교재를 충실히 따라야 한다.

③ 순장은 교재에 제시된 주제를 가르침으로써 이러한 지속적인 필요를 충족시키고 순원들은 이것을 변하는 필요에 적용할 수 있다.
(예: 순장이 용서에 대한 주제를 가르치면 순원들은 자신들의 변하는 필요에 따라 친구들, 부모와 자녀, 남편과 아내, 고용주와 고용인 등의 관계 속에서 얽힌 문제들에 대해 용서하는 법을 적용할 수 있다.)

순장은 순모임이나 순의 기타 활동에서 변하는 필요에 초점을 맞추지 않도록 항상 조심해야 한다.

④ 만일 변하는 필요를 순모임에서 순원들 모두와 함께 다루려면 다음과 같은 질문을 해보라.

㉠ 순원들이 모두 이 주제를 다룰 때 유익을 얻게 될 것인가?

㉡ 그것이 원래 하기로 예정되어 있던 순모임의 내용보다 더 중요한가?

㉢ 나중에 개인적으로 이 주제에 대해 더 이야기 할 수 있는가?

강의 5

영적 운동에 참여하기

개관 목적

당신이 현재 참여하고 있는 사역을 영적 운동의 관점에서 볼 수 있도록 하며,
더 나아가 당신이 영적 운동에 참여할 수 있도록 돕기 위한 것이다.

학습 목표

1. 영적 운동의 개념을 말할 수 있다.
2. 영적 운동을 일으키는 3가지 핵심 요소를 말할 수 있다.
3. 영적 운동의 필요성에 대해 말할 수 있다.
4. 영적 운동에 참여해야 하는 이유를 말할 수 있다.

개요

서론

- 운동의 사례
- 운동의 요소들

1. 운동이란 무엇인가?
   (1) 정의
   (2) 운동의 특징들

2. 영적 운동이란 무엇인가?
   (1) 정의
   (2) 정의의 설명
   (3) 제자화 사역에서 운동으로

3. 영적 운동의 핵심 요소
   (1) 힘
   (2) 승법번식
   (3) 경영
   [점검과 적용질문]

4. 왜 영적 운동에 참여해야 하는가?
   (1) 영적 운동에 참여해야 하는 이유
   (2) 영적 운동에 참여함으로서 얻는 개인적인 유익들

5. "모든 곳에 영적 운동을!" (Building Movements Everywhere)

6. 적용을 위한 사례연구

"영적 운동에 참여하기" 라는 주제를 다루기 전에 '운동' 에 대해서 먼저 생각해 볼 필요가 있다. 영적 운동도 일종의 운동이기 때문이다.

당신이 알고 있는 다양한 활동들 가운데서 운동이라고 생각되는 사례들을 이야기해보라. 또한 단지 활발한 활동과 운동은 어떤 면에서 차이가 있으며 활발한 활동을 운동이 되게 하는 요소들은 무엇인지 토의해 보라.

토의 운동의 사례들

____

____

(이 토의의 정답은 없다. 이 토의는 학생들이 운동에 대한 개념을 스스로 생각해 보도록 자극함으로서 이 과에서 다루는 내용들에 대해 기대를 갖게 할 뿐 아니라 앞으로 다룰 내용들에 대한 방향을 제시하는 역할을 할 것이다. 학생들이 적극적으로 토의에 참여하게 하고 생각을 발표하도록 격려하라. 운동의 예는 독립운동, 새마을운동, 민주화 운동, 학생 선교 운동 등이 있다.)

토의 운동의 요소들

____

____

(학생들이 운동의 사례들을 말하게 한 후에, 다양한 활동들이 운동이 되려면 어떤 요소들이 있어야 하는가를 질문함으로써 시작하라. 모든 운동들은 공통적인 핵심적 요소들을 포함하고 있다. 학생들에게 앞에서 열거한 운동의 사례들을 상기시키면서 왜 그런 활동들을 운동이라고 생각했는지, 무엇이 그런 활동들을 운동으로 보게 하는지를 생각하며 답하게 하라. 어떤 학생들은 운동의 요소 대신에 운동의 특징들을 이야기할 수도 있다. 운동의 특징들은 운동의 요소들에 의해서 생겨나게 된 결과물에 더 가까운 것이다. 모든 답에 대해 격려해주고 이번 과에서는 운동의 정의와 요소와 특징 및 운동 참여의 이유 등을 다룰 것이라고 말하라.)

1. 운동이란 무엇인가? 학생용 교재 47p

1 정의

기존의 질서에서 벗어나 개인적 또는 사회적 변화를 일으키고자 하는 공동의 목적 을 위해 조직되어 참가자들 스스로가 그 일을 위해 기꺼이 헌신 하고 또 다른 사람들 을 그 일에 적극적으로 참여시킨 결과, 마침내 그들의 영향력이 점점 커나가는 사람들의 모임이다 (Gerlach and Hine, People, Power, Change: Movements of Social Transformation, 1970).

(운동의 정의가 다양하게 제시될 수 있으나, 여기서는 사회를 변화시키는 운동으로서 일반적인 내용의 정의를 채택한 것이다.)

2 운동의 특징들

(여기서 다루는 운동의 특징들은 위에 나온 운동의 정의를 심화한 것으로, 학생들이 운동의 정의를 좀 더 깊이 있고 정확하게 이해하도록 도울 뿐 아니라 이를 바탕으로 영적 운동에 대한 이해를 돕기 위한 것이다. 일반적인 운동을 다루는 이 부분에서 너무 자세하게 설명하여 시간을 많이 사용하지 말고 기본적인 이해를 돕는 확인 과정으로 진행하라.)

일반적으로 모든 운동은 다음과 같은 특징들을 가지고 있다.

(1) **공동의 목적** (common purpose/goal)
(2) **많은 사람들의 참여** (participation of many people)
(3) **조직화된 행동** (organized actions)
(4) **헌신** (commitment)
(5) **방법과 전략** (method and strategy)
(6) **영향력의 확산** (spread of influence)

앞에서 우리는 일반적인 운동의 정의와 특징들을 살펴보았다. 이제부터는 일반적인 운동의 이해를 토대로 영적 운동에 대해 배우게 될 것이다. 먼저 영적 운동의 정의부터 살펴보자.

2. 영적 운동이란 무엇인가?

학생용 교재 48p

(학생들에게 영적 운동의 정의를 다 같이 읽게 하고 1~2분간 시간을 주어 영적 운동의 정의를 외우게 해도 좋을 것 같다.)

1 정의

주님의 **지상명령** 성취를 돕기 위해 **같은 마음을 가진 예수 그리스도의 제자들의 팀**을 통해서 **전도, 육성, 파송하는 일**(=제자화 또는 영적승법번식)을 확장시키시는 **하나님의 일하심**이다.(A Movement is **God Working** through **a team** of **like-hearted disciples** to **Win, Build & Send** toward fulfillment of **the Great Commission**).

2 정의의 설명

영적 운동의 개념을 보다 정확히 이해하기 위하여 정의에 포함된 주요 용어들에 대한 의미를 자세히 살펴보자.

(1) 지상명령:

한자로 至上命令(지상명령)은 이것보다 더 큰 명령이 없다는 뜻으로, 가장 큰 명령, 가장 위대한 명령이라는 뜻이고, 영어로 The Great Commission(더 그레이트 커미션)은 흔히 '대 위임 명령' 또는 '대 위임령' 이라는 뜻이다. CCC에서는 '지상명령' 으로 통일해 사용한다.

(아래 내용은 읽거나 쉽게 요약 설명해 나가면 충분히 이해될 수 있는 내용들이므로, 부언하지 말고 주어진 내용에 충실하게 진행하라.)

1) 주님의 지상명령은 CCC를 포함한 모든 그리스도인들이 주님께 받은 소명이요, CCC가 일으키고자 하는 영적 운동의 목적이다.

2) 마 28:18~20의 말씀에 기초하여 이 세상에 살아있는 모든 사람들에게 복음을 전하여 그들이 적어도 한 번은 예수 그리스도를 영접하든지 거부하든지 선택의 기회를 갖게 하는 것이다.

3) 지상명령의 범위는 "예루살렘에서 땅 끝까지" (행 1:8)이므로 자신이 거주하는 지역만이 아니라 전 세계 에 복음을 전하는 일에도 참여해야 한다.

(2) 돕기 위해:

1) 지상명령 성취의 주체는 하나님 이시며 우리는 돕는 자들이다. 우리를 이 일에 참여하도록 부르신 분도 하나님이고 우리를 통해 이 일을 이루실 분도 하나님이다.

2) 하나님은 이 사명을 모든 그리스도인들에게 주셨다. 따라서 이 사명의 성취를 위해 우리는 하나님을 온전히 의지해야 하며, 동시에 함께 부름 받은 주님의 몸 된 교회들과 모든 선교 단체들이 각기 받은 은사와 재능들로 섬기되 서로 연합하고 동역 해야 한다.

(3) 같은 마음을 가진 예수 그리스도의 제자들의 팀:

1) 영적인 운동은 하나님께서 이끌어가신다. 그러나 하나님은 지상명령 성취를 위해 복음을 전하는 일에 자신의 시간(time)과 재물(treasure)과 은사(talents)를 드려 헌신하는 그리스도인들을 통하여 영적 운동을 일으키신다.
2) 그들은 복음으로 인해 분명한 삶의 변화 를 경험한 자들로, 하나님과 형제들과 이웃을 사랑하고, 그들의 이웃들은 그들을 통해 삶을 변화시키는 하나님의 능력을 보게 된다.
3) 그들은 부르심, 가치, 비전, 사명 등 본질적인 것들에 관해 일치할 뿐 아니라 한 마음으로 연합하는 팀을 이루어 승법번식을 통해 운동을 일으키는 일에 헌신한다.

(4) 전도:

1) 모든 사람들에게 예수 그리스도를 전하는 것이다. 여기서 '모든' 이라는 단어는 우리의 사역 범위를 말해주고 있다.
2) 내 주위 사람들뿐만 아니라 인류 전체 가 복음을 들을 수 있도록 계획을 세워서 지혜롭게, 열심히 그리고 담대하게 전도해야 한다.
3) 눅 8:4~15의 씨 뿌리는 비유에서 볼 수 있듯이, 뿌려진 복음의 씨앗이 모두 열매를 맺는 것은 아니기 때문에 우리는 할 수 있는 대로 복음의 씨앗을 최대한 많이 뿌려야 한다.

(5) 영적 승법번식:

1) 지상명령 성취의 소명은 모든 교회와 단체들이 동일하게 받았으나 그 성취의 전략은 다양할 수 있다. CCC는 디모데후서 2:2에서 제시하고 있는 영적 승법번식 이 지상명령을 성취하기 위한 최고의 전략이라고 확신하며 우리 사역의 핵심으로 강조한다.

2) 영적 승법번식은 전도한 새 신자들을 육성하여 그들이 또 다른 사람들을 그리스도께 인도하고 육성하는 일에 적극적으로 참여하게 함으로써 지속적으로 영적 재생산 이 일어나는 것이다.

예를 들어, 당신이 순모임을 인도하고 있다면, 그 순모임에 참여하는 순원들의 전부 또는 일부가 당신과 동일한 비전과 전략을 가지고 전도하고 각자의 순모임을 형성하므로 순과 순원들이 빠른 속도로 늘어나는 것이다.

3) 지상명령은 그 범위와 대상이 너무 넓어서 단순히 전도에 의한 믿는 사람의 증가, 즉 가법번식만으로는 지상명령을 성취할 수 없다. 영적 승법번식 은 지상명령 성취에 필수적이며, 우리 CCC의 DNA라고 할 수 있다.

(6) 하나님의 일하심:

1) 영적인 운동은 처음부터 끝까지 하나님께서 이끌어가신다.

2) 성령의 능력이 영적 운동을 지탱하는 원동력이므로, 얼마나 하나님을 의지하고 따르며 순종하는가에 따라 승패가 갈라진다. 일반적인 운동과 영적 운동의 가장 큰 차이는 하나님이 운동의 주체인가 아니면 인간의 전략, 인력, 재정 등이 근본적인 힘인가에 의해서 나타난다.

3) 우리는 하나님을 의존 해야 하며, 운동을 위한 전략을 세우되 하나님께서 그 전략들을 사용하여 가장 효과적인 방법으로 운동을 이끌어 가시도록 맡겨야 한다.

지금까지 우리는 영적 운동의 정의와 그 정의에 포함된 용어들의 구체적인 의미들을 살펴 보았다. 영적 운동에서 주의해야 할 것이 하나 있는 데, 그것은 자칫하면 제자화 사역만 하고 운동은 일으키지 못할 수도 있다는 것이다. 그래서 이번에는 제자화 사역과 운동의 차이를 살펴보려고 한다.

3 제자화 사역에서 운동으로

지속적으로 하나님의 은혜를 의지하며 기도하는 사람들은 다음의 네 가지 특징이 나타나는 행동을 하게 될 것이다.

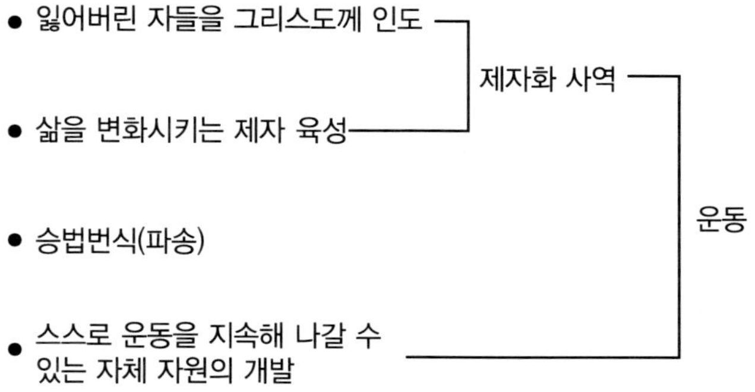

(1) 잃어버린 자들을 그리스도께 인도하는 것과 순모임을 통해 순원들을 제자로 육성하는 것은 제자화에 해당한다. ***(위 그림을 활용해서 설명하라.)***
여기에서 더 나아가 파송이 이루어져서 순원이 순장이 되어 자신의 순원들을 육성함으로 제자화가 3대, 4대 등 끊임없이 이어져서 영적 승법번식이 확산되고, 외부로부터 도움을 받지 않고 모든 자원과 역량들을 자체적으로 개발하고 공급하므로 스스로 이를 지속할 수 있는 것을 운동이라고 한다.

(2) CCC는 단순히 제자화 하는 것에서 그치지 않고 영적 운동 을 일으키는 것에 집중한다.

(3) 모든 학생들과 간사들은 항상 현재 하고 있는 활동들이 제자화에 머물고 있는지 운동으로 발전하고 있는지를 점검하며 활동의 우선순위 를 재조정해야 한다.

앞에서 살펴본 운동과 영적 운동의 정의와 특징들을 기억하면서 영적 운동의 핵심 요소들을 살펴볼 차례이다. 우리가 지향하는 모든 영적 운동에 없어서는 안 될 가장 중요한 운동의 요소들은 무엇인가?

3. 영적 운동의 핵심 요소 학생용 교재 51p

(여기서는 영적 운동의 세 가지 요소들의 의미와 관계에 대해 살펴보게 된다.)

운동을 일으키고 또한 운동을 역동적으로 지속되게 하는 필수 요소가 있다. 이 요소들은 영적 운동에도 동일하게 적용된다. 영적 운동의 필수 요소는 힘 과 승법번식 과 경영 이다. 이 세 가지 요소들 중 어느 하나라도 빠지거나 소홀히 되면, 그 운동은 운동으로서의 특성을 상실하게 되고 결국 지속되지 못할 것이다. 예를 들어, 힘 이라는 요소가 약해질 경우에는 운동은 프로그램이나 조직으로 변질될 수도 있고, 경영 이 소홀해지면 강의 4에서 본 대학 축구팀처럼 목적을 달성하지 못하게 될 것이다.

영적 운동의 3가지 핵심 요소 중 첫 번째는 힘이다. 영적 운동에서의 힘은 power나 strength가 아닌 momentum이다. 구체적인 의미를 살펴보자.

1 힘

(1) **정의:** 지도자의 꿈과 비전 이 열정, 감동, 확신과 함께 다른 사람들에게 전해지는 것 을 의미한다. 성취가 불가능해 보이는 목표에 대해 지도자가 '그 목표를 성취해야 하며 또 반드시 성취할 수 있다' 고 확신과 열정을 가지고 말할 때, 운동에 속한 다른 사람들도 동일하게 지도자가 가진 확신과 열정을 갖게 되고, 그 목표를 성취하기 위해 온전히 헌신하며 열정적으로 행동하게 되는 것을 말한다. 한마디로 변화된 삶의 폭발적인 증가라고 할 수 있다. 이처럼 힘은 새로운 사람들 이 운동에 참여하도록 그들을 이끄는 역할 을 한다.

(2) **힘의 실례**

한국 CCC의 창설자이신 고 김준곤 목사는 1970년대에 민족복음화를 위해서는 30만 명의 한국 교회 성도들이 전도하는 훈련을 받아야 한다는 꿈과 비전을 가졌다. 그가 그 꿈과 비전을 나누었을 때, 동료 간사들은 이 일이 불가능하다고 생각되는 이유 74가지를 제시했다. 그러나 김준곤 목사는 '이 일은 하나님이 기뻐하시는 일이고, 또한 그 문제들을 하나님이 성령의 능력으로 해결하실 것' 이라고 설득한 끝에 동료 간사들과 학생들은 김준곤 목사와 동일한 꿈과 확신을 갖게 되었고, 마침내 30만 명의 한국 교회 성도들에게 전도 훈련을 받게 하는 '엑스플로 74' 를 성공적으로 개최할 수 있었다.

(위의 김준곤 목사님의 사례 외에도 좋은 사례가 있으면 잘 정리해 요점에 맞게 활용하라.)

2 승법번식

(1) 정의: 지도자가 계속적으로 또 다른 지도자를 개발하는 것 을 말한다.

디모데후서 2:2에서 바울은 그의 제자 디모데에게, "네가 나에게 들은 것을 충성된 사람들에게 가르쳐서 그들이 또 다른 사람들을 가르칠 수 있도록 하라" 고 권면하고 있다. 바울의 제자인 디모데와 또 다른 충성된 사람들이 가르침을 받는 위치에만 머무르는 것이 아니라 다른 사람을 가르칠 수 있는 지도자의 위치에까지 성장하도록 육성되고 개발되는 것을 말한다. 이러한 성경적 지도력 개발 과정을 우리는 '영적 승법번식'(spiritual multiplication)이라고 부른다. 영적 승법번식은 예수님의 지상명령 성취(마 28:19~20)를 돕기 위해 바울이 일으켰던 영적 운동 의 핵심 전략이었다.

(2) 승법번식의 실례:

'엑스플로 ' 74' 는 단순히 힘을 나타내는 것에 그치지 않고, '전도요원 훈련' 이라는 지도력 개발 과정 을 포함하고 있었다. 즉, 민족복음화라는 지도자의 비전에 의해서 참여하는 수많은 사람들을 훈련을 통해 제자로 세웠던 것이다. '엑스플로 ' 74' 를 통해 전도 훈련을 받은 사람이 공식적으로 323,419명이나 되었다. 그 결과 한국 교회에는 전도할 수 있는 그리스도인들의 숫자가 놀랍게 증가했고, 이들의 전도를 통해 한국 교회는 폭발적인 성장을 경험하게 되었다.

운동의 확장은 지도자들이 세워지는 속도에 비례한다고 해도 과언이 아니다.

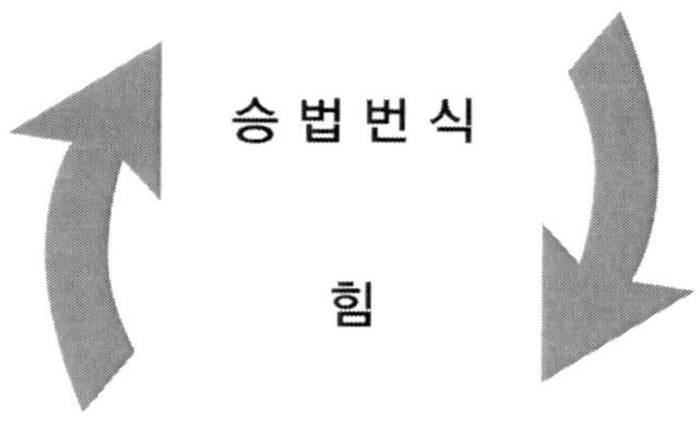

힘과 승법번식은 상호의존적이다. 힘은 승법번식을 승법번식은 힘을 더욱 강화시킨다.

영적 운동의 두 번째 핵심 요소는 경영이다.

3 경영

(1) **정의:** 경영은 한 마디로 잘 조직화된 지도력(carefully organized leadership)이라고 할 수 있다. 뿐만 아니라 경영은 전체를 볼 줄 아는 종합적 판단력 이라는 개념도 포함하고 있다. 월드컵 국가대표팀 감독을 예로 들어보자. 월드컵 축구 대표 감독은 월드컵 4강 신화를 다시 재현하자는 꿈과 비전을 열정적으로 제시하고 선수들을 격려하고 도전한다(힘), 그리고 그 꿈을 이루기 위해 상대팀에 대한 전력 분석, 경기 운영 전략, 전술 훈련, 선수 구성과 선발 등을 구체적으로 계획하고 실행해야 한다(경영). 운동에서 경영이 잘 이루어지지 않으면, 운동의 방향이 흔들리게 되고 목적을 성취할 수 없으며 결국 그 운동은 무너지게 될 것이다. 경영은 일반적으로 목표 설정, 계획, 조직, 지도, 조정 등의 요소를 포함한다. 이 각각의 주제는 CCC 훈련 과정 속에 포함되어 있다.

(2) **경영의 시너지 효과 :** 경영의 또 다른 측면은, 지도자가 힘과 승법번식을 조화롭게 활용하여 시너지 효과를 발휘해야 한다는 것이다. 힘만 강조하다보면 어느 정도까지는 운동에 참여하는 사람들이 늘어나지만, 결국에는 지도자가 개발되지 않기 때문에 운동은 한계에 부딪치게 된다. 반면에 승법번식만을 강조하다보면 그 속도가 느려져 운동의 확산에 지장을 초래한다. 따라서 지도자는 헌신된 사람 들을 끌어들이는 힘을 통해 폭발적인 성장을 추구하는 동시에 승법번식을 통해 힘의 성장의 결과를 지도력 개발 로 연결시켜서 지속적으로 운동을 이끌어 갈 지도자들을 개발하므로 장차 더 큰 힘을 발휘할 수 있도록 하는 것이 필요하다. 힘과 승법번식을 잘 조화시켜서 시너지 효과를 발휘할 때 운동이 더욱 커지고 가속화 될 수 있다.

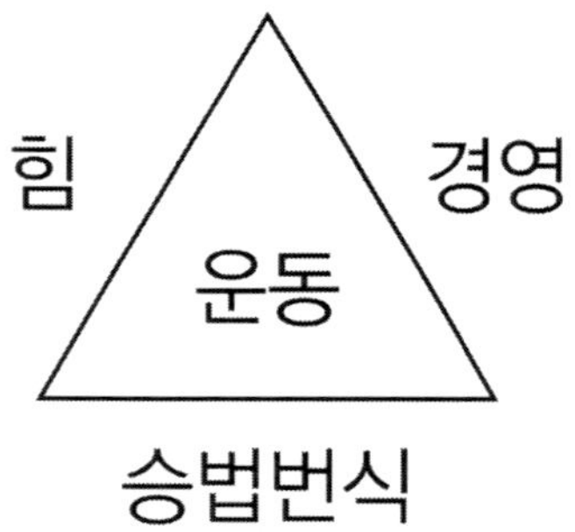

[점검과 적용질문]

토의 1. 영적 운동의 정의에 비추어 볼 때, 당신 개인의 순 사역을 영적 운동이라고 말할 수 있는가?

(영적 운동의 정의를 다시 상기시킨 후 그 정의에 포함된 여러 요소들을 생각하며 각자의 순 활동과 자신이 속한 캠퍼스 사역을 평가해 보도록 격려하라.)

토의 2. 만일 영적 운동이라고 할 수 없다면, 당신의 순 사역이 영적 운동이 되기 위해 어떤 요소가 더 추가되거나 강화되어야 한다고 생각하는가?

(위에서 소개한 영적 운동의 3가지 요소에 초점을 맞추어 각자의 순 활동과 캠퍼스 사역을 평가해 보도록 하라. 여기서는 우리의 사역을 영적 운동이 되도록 하려는 데 목적이 있는 것이지 현재 사역을 잘잘못을 따지려는 것이 아님을 유념하라.)

토의 3. 가법번식 단계에서 멈춘 채 승법번식 과정이 일어나지 않는 이유는 무엇이라고 생각하는가?

(가법번식과 승법번식의 가장 큰 차이는 영적 지도자의 개발 여부, 즉 영적 지도자들이 재생산되는가 되지 않는가에 달려 있다. 즉 순원은 자꾸 늘어도 순장이 배출 안 되는 상황에 처한 경우를 가리킨다. 영적 운동의 세 가지 요소 간의 상호 작용과 영향이라는 측면도 고려하여 답을 해 보도록 격려하라.)

(가능한 대답: 힘이 결핍되고 경영이 제대로 이루어지지 않는 경우, 순 활동의 궁극적 목적을 상실한 경우, 충성되지 못한 순원을 선택하여 육성한 경우, 전도를 위한 복음의 씨앗이 전혀 뿌려지지 않거나 소수에게만 뿌려진 경우, 순 활동과 훈련을 제대로 하지 않은 경우, 순장 자신이 성령 충만하지 않아 순원들에게 본이 되지 않는 경우 등이 있을 수 있다.)

아래 내용은 지금까지 공부한 영적 운동에 대한 내용에 근거하여 어떻게 학생들이 실제로 영적 운동에 참여할 수 있을지를 나누려고 한다.

4. 왜 영적 운동에 참여해야 하는가? 학생용 교재 54p

1 영적 운동에 참여해야 하는 이유:

나 혼자서도 주님의 지상명령 성취를 위해 다른 사람을 전도하고 육성할 수 있는데, 굳이 영적 운동에 참여해야 하는 이유는 무엇인가?

우리 각자가 제자화 사역(영적 승법번식)을 충성스럽게 감당해 나가는 것이 무엇보다 중요하다. 그러나 스스로에게 다음과 같이 질문해 보라: 이 시급하고 거대한 주님의 명령 앞에서 우리는 어떻게 이 세상에 최대의 영향을 미칠 수 있을까? 각자 열심히 하는 것으로 충분한가? 같은 꿈과 비전을 가진 사람들이 힘을 모아 함께 하는 운동을 통해서 최대의 영향을 끼칠 수 있지 않을까? 같은 마음을 가지고 깊이 헌신한 사람들과 함께 지상명령 성취를 돕는 운동에 참여하는 것이 우리가 가진 시간, 재능, 자원들의 영향력을 최대로 증대시켜줄 것이다.

(아래에 나오는 '영적 운동에 참여함으로서 얻는 유익'의 6가지 항목 중에서 학생들이 직접 경험한 사례들이 있다면 간략하게 경험들을 나누게 하라.)

2 영적 운동에 참여함으로서 얻는 개인적 유익들:

(1) 비전이 커지고 분명해지며 구체화 된다.
(2) 올바른 방향을 향해 계속 전진하도록 격려를 받는다.
(3) 사역에 대한 더 넓은 시각을 가질 수 있는 발판을 제공받는다.
(4) 적절한 훈련을 제공받는다.
(5) 믿음의 장애물을 극복하도록 도전과 도움을 받는다.
(6) 경건한 지도력을 접하게 된다.

(다음 내용은 CCC에게 주신 주님의 지상명령 성취를 위해 전 세계 모든 CCC가 추구하고 있는 영적 운동의 방향과 내용들이다. 필요하다면 아래 도표를 참고하고 국제 CCC의 관련 자료들을 미리 살펴보고 준비해서 설명하는 것도 좋다.)

목적

하나님이 우리를 부르신 것을 성령의 능력안에서 지상명령 성취를 돕고 그리스도의 몸이 전도와 제자화를 하도록 돕기 위함이다.

가치

믿음, 성장, 열매

사명

그리스도 중심의 승법 번식하는 제자들을 전도 육성 파송 함으로써 영적 운동을 일으키는 것.

비전

모든 곳에 운동을 일으켜 누가 진짜 예수님의 제자인지를 알게 함.

사명완수의 5대 요소

1. 학생 주도 운동 SLM
2. 교회 주도 운동 CLM
3. 리더 주도 운동 LLM
4. 가상공간 주도 운동 VLM
5. 역량 가속화 운동 CAM

사명 완수의 성공 기준

각 단계마다 질과 양의 평가
7가지 가시적인 평가

전략 기획

국가차원
지구 차원
역할/기능차원

실행

무엇을?
누가?
언제?

Movements Everywhere !

국제 CCC가 주님의 지상명령 성취를 돕는 우리의 사역에 대한 구호로 "모든 곳에 영적 운동을!" (Movements Everywhere!)을 제시한다. 우리는 주님의 지상명령 성취를 돕기 위해 영적 운동들이 미래 사회의 지도자들을 배출하는 대학 캠퍼스를 중심으로 모든 곳에서 활발히 일어나기를 기도하며 또한 적극적으로 참여해야 한다. 여기에서 '모든 곳' 이란 잃어버린 영혼들을 만날 수 있는 모든 곳, 지상명령 성취의 모든 곳을 가리킨다. 예를 들면, 대학 캠퍼스, 직장, 군대, 교회, 내가 살고 있는 동네, 아파트 단지, 컴퓨터를 이용한 가상공간 등과 같이 우리가 생각할 수 있는 모든 공간을 의미한다.

CCC에서는 "모든 곳" (everywhere)을 다섯 가지 영역으로 분류하였다. 이것을 CCC 사역의 5가지 핵심 영역(5 mission critical components)이라고 부르며 그 각각은 다음과 같다.

(1) 학생이 주도하는 운동(Student-led- Movement)
(2) 지도자가 주도하는 운동(Leader-led-Movement)
(3) 교회가 주도하는 운동(Church-led-Movement)
(4) 인터넷 공간에서 일어나는 운동(Virtually-led-Movement)
(5) 역량 가속화 운동(Capacity Accelerated Movement) - CCC의 모든 역량을 강화해 영적 운동이 지속되도록 도움

6. 적용을 위한 사례연구

대학교 2학년인 효영이는 작년 2학기 때 친구의 권유로 CCC 활동을 시작하게 되었다. 다소 늦게 CCC에 가입하게 되었지만, 따뜻하게 챙겨주는 선배 순장들 덕분에 빨리 적응할 수 있었고, 순모임과 정기 채플에 참여하면서 자신의 믿음이 자라는 것을 느낄 수 있었다. 그 해 겨울에 참가한 금식수련회는 좀 힘들었지만, 개인적으로 큰 의미가 있었다. 잃어버린 영혼들을 향한 주님의 마음을 생전 처음 깊이 있게 느낄 수 있었기 때문이다.

3월 개강 첫 주에 실시된 클래스미팅에서 효영이는 같은 학과 후배들에게 메시지를 전하게 되었다. CCC 에 들어온 지 얼마 되지 않아 부담을 느꼈지만, 짧은 시간 안에 모든 신입생에게 예수님에 대해 소개할 수 있는 좋은 기회라고 말씀하시는 간사님의 도전에 용기를 내어 메시지를 하기로 마음먹었다.

메시지를 전한 후에 받아 본 설문지에는 30명 중에 2명의 기독교인과 1명의 비기독교인이 긍정적 반응을 보였다. 전화 접촉을 통해 긍정적인 반응을 보인 후배 3명을 만나 함께 식사를 한 후에 효영이는 비기독교인인 은지에게 4영리를 읽어주었고, 은지는 자신도 예수님을 영접하고 싶다고 말했다.

예수를 믿고 있는 민지와 은경이는 효영이가 은지에게 4영리를 다 읽어주는 것을 관찰하고 있었다. 은지에게 4영리를 다 읽어 준 후에 효영이는 이를 지켜보고 있던 민지와 은경이에게 자신이 금식수련회 때 느낀 '잃어버린 자들을 향한 주님의 마음' 에 대해서 나누며, 그들도 이와 같은 방법으로 주위 친구들에게 예수님을 소개해줄 것을 도전하였다.

모태신앙을 가진 민지는 한 번도 전도를 해본 적이 없었다. 그런데 같은 학과 선배인 효영이가 4영리를 읽어주는 단순한 방법을 통해 은지에게 예수님을 전하고, 또 은지가 예수님을 영접하는 것을 보고는 신선한 충격을 받았다. 민지는 그 다음 날부터 자신도 하루에 1명씩 4영리를 읽어주기로 결심했다.

4영리를 들은 민지의 몇몇 친구들은 영접을 하지는 않았지만, '한 번 생각해보겠노라' 고 얘기해준 반면, 같은 향우회에서 만난 적이 있는 같은 학과 유정이는 예수님을 영접하였다.

다음 주 순모임 시간에 효영이는 은지 외에 또 다른 새내기 1명을 더 데리고 나왔고, 민지는 유정이를 데리고 왔고, 은경이도 기숙사 룸메이트를 데리고 나왔다.

순모임을 마칠 때쯤 효영이는 자신들의 모임의 이름을 짓자고 제안을 했다. 그때 누군가 '들풀순' 이라고 하면 좋겠다고 제안을 해 그렇게 부르기로 했다. 그리고는 자신들을 통해 예수님의 이름이 자신들의 학과, 기숙사, 향우회에 들풀처럼 뻗어가길 바란다는 비전을 나누었다. 순원들은 큰 감동을 받았고, 효영이와 함께 그 비전의 성취를 위해서 기도하기 시작했다.

토의 1. 위의 사례에서 운동의 세 가지 핵심 요소 가운데, '힘'이 나타난 대목을 찾아보고, 또 힘을 어디에서 얻을 수 있는지 토의해보라.

____

____

(토론에서 나올 수 있는 내용들: 효영이가 금식수련회에 가서 받은 감동과 도전을 메시지로 증거한 점, 효영이에게 클래스 미팅 메시지를 하도록 한 간사의 도전, 효영이가 민지와 은경이에게 준 도전과 비전 나눔 등.)

토의 2. 만약 당신이 효영이라면, 비전 성취를 위해 기도하는 것과 함께 또 다른 무엇을 하겠는가?

____

____

(위의 사례에서는 영적 운동의 세 가지 요소 중, 힘에 대한 부분이 잘 드러나 있고, 또한 가법번식과 함께 약간의 제자화 과정이 소개되고 있다. 따라서 비전 성취를 위해서는 승법번식이 보다 강화될 필요가 있고, 또한 경영이 추가될 필요가 있다.)

토의 3. 들풀순의 비전 성취를 가로막을 수 있는 장애물에는 어떤 것들이 있다고 생각하는가?

____

____

(바로 위의 2번 질문에서 다루는 운동의 요소들이 없다면 비전은 성취되지 않을 것이다. 학생들이 말하는 여러 가지 장애물들을 운동의 세 가지 요소와 관련지어 정리해 주라.)

LTC 고급 IG(신개정판)

2024년 5월 24일 신개정판 초판 5쇄 발행

엮 은 이　한국대학생선교회

펴 낸 곳　순출판사

디 자 인　CCC DIA

등　　록　제 2020-000159호

주　　소　서울시 종로구 백석동 1가길 2-8

전화/팩스　02)722-6931~2 / 02)722-6933

가　　격　6,000원

본서의 판권은 순출판사에 있습니다. 무단 전재 및 복제를 금합니다.

책 내용과 관련된 문의는 한국대학생선교회_MRD(02-397-6266)로 문의 바랍니다.

ISBN 978-89-389-0223-8